La casa blanca de Peña Nieto

La casa blanca de Peña Nieto

La historia que cimbró a un gobierno

DANIEL LIZÁRRAGA
RAFAEL CABRERA
IRVING HUERTA
SEBASTIÁN BARRAGÁN

Grijalbo

Se hizo todo lo posible por contactar a los propietarios de los derechos de las imágenes. En caso de alguna omisión, la editorial se compromete a consignar el crédito pertinente en próximas ediciones.

La casa blanca de Peña Nieto
La historia que cimbró un gobierno

Primera edición: octubre de 2015
Primera reimpresión: diciembre, 2015
Segunda reimpresión: febrero, 2016
Tercera reimpresión: agosto, 2016
Cuarta reimpresión: agosto, 2016
Quinta reimpresión: agosto, 2016
Sexta reimpresión: octubre, 2016

D. R. © 2015, José Daniel Lizárraga Méndez

D. R. © 2015, Rafael Cabrera

D. R. © 2015, Irving Huerta

D. R. © 2015, Sebastián Barragán

D. R. © 2015, derechos de edición mundiales en lengua castellana:
Penguin Random House Grupo Editorial, S. A. de C. V.
Blvd. Miguel de Cervantes Saavedra núm. 301, 1er piso,
colonia Granada, delegación Miguel Hidalgo, C. P. 11520,
Ciudad de México

www.megustaleer.com.mx

D. R. © 2015, Carmen Aristegui, por el prólogo

ISBN: 978-607-313-642-6

Impreso en México – *Printed in Mexico*

El papel utilizado para la impresión de este libro ha sido fabricado a partir de madera procedente de bosques y plantaciones gestionadas con los más altos estándares ambientales, garantizando una explotación de los recursos sostenible con el medio ambiente y beneficiosa para las personas.

Penguin
Random House
Grupo Editorial

ÍNDICE

PRÓLOGO

LA CASA BLANCA
EN LA PUNTA DEL ICEBERG

Este libro cuenta la historia de cómo un grupo de periodistas emprendió la tarea de investigar un caso difícil: indagando en todos los frentes, haciendo las preguntas correctas, obteniendo documentos y verificando —no una, sino mil veces— cada uno de los datos que configuraron, finalmente, un reportaje especial.

"El presidente posee una casa en Las Lomas de Chapultepec. Fue construida a su gusto por Grupo Higa, una de las empresas que ganó la licitación del tren México-Querétaro, y que antes levantó obras en el Estado de México cuando él fue gobernador", se leía en el sumario que presentaba, por primera vez, el reportaje especial de la casa blanca, en el sitio Aristegui Noticias, difundido, simultáneamente, por la revista *Proceso*, el periódico *La Jornada* y el sitio Sin Embargo, en México, y retomada por un buen número de medios internacionales. Era domingo 9 de noviembre de 2014, a las 5 de la mañana.

La investigación de varios meses confirmó que la residencia —con un valor de 86 millones de pesos, al tipo de cambio de entonces, ubicada en Sierra Gorda 150— no estaba registrada a nombre de Peña Nieto ni de Angélica Rivera, su esposa. La propiedad se encontraba en el registro público de la propiedad a nombre de Ingeniería Inmobiliaria del Centro, una empresa de Grupo Higa, propiedad del empresario Juan Armando Hinojosa Cantú, el contratista y amigo de Enrique Peña Nieto cuyos contratos millonarios de obra pública habían crecido de manera considerable, precisamente durante el gobierno de Peña en el Estado de México y durante su gestión como presidente de la República. Un escándalo por donde quiera que se le viera.

También se pudo comprobar que el Estado Mayor Presidencial resguardaba la casa y que el hoy presidente de México participó, directamente, con el arquitecto de la obra, Miguel Ángel Aragonés, para que el trazo y la planeación de la casa blanca se ajustarán a sus gustos y necesidades.

Para construir la casa blanca, representantes de Hinojosa Cantú compraron dos lotes *ex profeso* ubicados, estratégicamente, en la parte de atrás de la casa en Paseo de las Palmas 1325, transferida por Televisa Talento S.A. de C.V. a favor de Angélica Rivera el 14 de diciembre de 2010, 17 días después de que ella y Enrique Peña Nieto se casaron legalmente.

El fideicomiso era operado por Banamex y, de acuerdo con el documento, al inmueble de Rivera se le asignó un valor de 27 millones 651744 pesos. Llama la atención que el mismo día —14 de diciembre— en que Televisa hacía la transferencia a favor de Rivera de la casa de Palmas, Grupo Higa compraba el segundo predio, de Sierra Gorda 160, para continuar la construcción de la casa blanca.

Inverosímil para la mayoría, según encuestas, resultó la explicación sobre cómo es que se hicieron de esa casa. Sin embargo, la presidencia de México logró instalar la idea principal de que la residencia de Sierra Gorda fue adquirida por Angélica Rivera y no por Peña Nieto. Es común leer a periodistas en notas de prensa referirse a la casa como "la casa de Angélica Rivera", sin tomar distancia y sin tener una pizca de duda.

Dato curioso, que despierta suspicacia, es que la mansión de Palmas que le transfirió Televisa a *la Gaviota* y la casa blanca de grupo Higa en Sierra Gorda están conectadas por un pequeño pasillo. Dos mansiones, una a espaldas de la otra, comunicadas, pero a la vez independientes, es algo que no deja de ser sugerente. ¿Para quién, realmente, se construyó la casa blanca?

La primera reacción de Peña Nieto, ante la publicación del reportaje, fue de disgusto. Trató de minimizar su contenido. En una primera declaración, en medio de un viaje a China, dijo que la información tenía "imprecisiones". Nunca dijo a qué se refería y tampoco volvió a referirse así al tema. El reportaje era, por demás, contundente.

Ante la presión de la prensa, fundamentalmente extranjera, empezaron a darse explicaciones oficiales. El entonces vocero de Peña Nieto fue el primero en salir a los medios. A todas luces insuficientes sus declaraciones, frente al tamaño de la crisis, se decidió que fuera ella, Angélica Rivera, y no el presidente, quien llevara el costo mayor de ofrecer explicaciones. Como se sabe, el efecto que tuvo su mensaje grabado fue contraproducente y para la actriz un golpe mortal para su imagen.

El enojo del presidente por ser exhibido en el reportaje de la casa blanca es algo que —a diferencia de lo que él recomienda a los padres de Ayotzinapa— no ha podido superar. "La casa blanca de Enrique Peña Nieto" es el reportaje que trastocó, por su contenido y alcance, las entrañas de un gobierno y forma parte de una larga lista de factores que han provocado la caída, en picada, de la imagen y confianza en la figura presidencial.

El reportaje causó polémica, indignó a una sociedad agraviada y mostró cuán endebles y sometidos pueden estar, en México, los sistemas de justicia y rendición de cuentas y cuán dócil y sumisa puede ser una empresa de comunicación frente a presiones políticas, mandatos de aniquilación y censura contra periodistas independientes.

Daniel Lizárraga, Rafael Cabrera, Sebastián Barragán e Irving Huerta, integrantes de la Unidad de Investigaciones Especiales creada para la primera emisión de Noticias MVS, desmenuzan en este libro la manera en que se fue desarrollando el reportaje. Narran momentos, situaciones y desafíos que, como colegas, fuimos viviendo a lo largo de los meses hasta tener lista la pieza final que contó con la voz y producción de Kirén Miret y la presencia e intercambios de Olga Carranco y Jorge Navarijo, colegas y parte fundamental del equipo de esa primera emisión.

En lo político, en lo mediático y en lo judicial las repercusiones del reportaje han quedado a la vista. Luces y sombras acompañan los capítulos que conforman este texto. Aquí está narrada sólo una parte de lo sucedido. Otros capítulos están por contarse y otros más aún por conocerse.

Los periodistas que formamos parte directa del equipo que realizó las investigaciones sobre la casa blanca y los demás miembros del programa noticioso en el cual debió haberse divulgado originalmente el reportaje fuimos sometidos a una grotesca maquinación cuyo único propósito era sacar el programa del aire. Todo el grupo de producción y contenidos fue despedido de manera fulminante, por la simple razón de formar parte del programa, cuya directora había rechazado, categóricamente, la aplicación de nuevos "lineamientos editoriales" que pretendían imponer, a sabiendas de que no aceptaríamos un sometimiento editorial vergonzoso y humillante.

Con un pretexto pueril —relacionado con el lanzamiento de la plataforma Mexicoleaks— echaron a andar una errática, torpe y artificial escalada con el propósito evidente de silenciar entero el programa de noticias. Quedaba claro que de lo que se trataba era de parar las investigaciones que aún realizábamos como periodistas, y cerrar el paso a las opiniones críticas que se emitían cotidianamente en el programa, pero sobre todo tomar venganza por la difusión del reportaje de la casa blanca.

La imposición de esos "lineamientos" fue el lance final, antes de dar por terminado —de manera unilateral y por lo tanto ilegal— el contrato vigente que se había firmado para garantizar que no ocurrieran cosas como las que estaban sucediendo.

Tardaron cuatro meses desde que se difundió el reportaje de la casa blanca para fabricar una rendija desde la cual echaron a andar el golpe de censura y silenciamiento. No pudieron hacerlo antes, no sólo porque hubiera resultado demasiado obvio, sino porque no había causa legal y verdadera que les permitiera, de inmediato, dar por terminado ese contrato con cuyo soporte legal se dirigía con libertad editorial esa emisión noticiosa.

Esperaron a que la fecha del golpe coincidiera con un puente de asueto y en vísperas de vacaciones de Semana Santa. El típico cálculo al que están acostumbrados los que actúan desde la oscuridad y de espaldas a los ciudadanos. El asunto, desde el principio, arrojaba un maloliente tufillo dinosáurico.

Era tan burdo y desaseado lo que hacían, que MVS empezó a caer en desfiguros y contradicciones. A dicha empresa, hasta ese momento de las más respetadas en el mundo de las comunicaciones, la indujeron a hacer cosas tan indecentes y deplorables que quienes conocemos a sus dueños y directivos nunca imaginamos, viniendo de ellos, actuaciones como las que llevaron a cabo.

Personalmente lamento el derrumbe moral de Joaquín Vargas y el de sus hermanos, a quienes estimé mucho y sinceramente. Lamento también la carga moral que han transferido al resto de la familia Vargas. Son personas a las que conozco y aprecio desde hace muchos años. Por su perfil e historias propias, pienso que quienes no participaron en las acciones de censura y aniquilamiento no pudieron haber visto con buenos ojos lo que de tan de mala manera hicieron a nombre de sus empresas contra los periodistas.

Con Joaquín y Alejandro Vargas construimos el mejor y más independiente de los espacios de la radio en México. Forjamos juntos un modelo de referencia para ejercer con profesionalismo nuestra tarea. Un buen negocio, también, con los mejores niveles de audiencia. Siempre di por verdadero su compromiso y responsabilidad con los radioescuchas y los creí convencidos de que lo que hacíamos juntos, tanto la empresa como los comunicadores, era en beneficio de México. Fue una tragedia ver cómo aquellos que habían apostado por la libertad de expresión y la investigación periodística, como proyecto compartido con los periodistas de esa primera emisión, finalmente sucumbieron a presiones y componendas de un poder al que ya antes se habían enfrentado con dignidad y valentía.

Imposible no recordar al Joaquín Vargas que en agosto de 2012 denunciaba las presiones para que me disculpara con Calderón por una pregunta que formulé sobre el presunto alcoholismo del mandatario. De manera inédita, el presidente de MVS presentó conversaciones donde la presidencia lo presionaba para que la periodista hiciera lo que ella no estaba dispuesta a hacer. Vargas exhibió cómo se le impuso esa condición, a cambio de no frenar la negociación para obtener permisos de explotación de la banda ancha y comercializar internet con alta velocidad. Negocios multimillonarios estaban en juego.

¿Dónde quedaron aquellos Joaquín y Ernesto Vargas de 2012 que enfrentaron a la presidencia, denunciando presiones que confundían berrinches presidenciales con políticas en telecomunicaciones? ¿Qué fue de Joaquín, Ernesto y Alejandro Vargas en 2015, ahora con un gobierno del PRI? Haciendo a un lado biografía, prestigio y compromisos, aceptaron el papel de instrumento para asestar la puñalada con cobardía. Es insoslayable el hecho de que el 17 y el 18 de septiembre de 2015 MVS obtuvo de forma expedita, por parte de un tribunal federal, dos fallos favorables en asuntos que estuvieron largamente en litigio: el *must carry-must offer* (que obliga a Televisa a permitir la retransmisión gratuita de su señal por parte de otras empresas, entre ellas Dish, filial de MVS), así como la concesión de una prórroga del uso de la banda de 2.5 GHz.

La relación que establecí con MVS desde 2009 no fue de carácter laboral. Por eso no me podían "correr", pues mi vínculo con ellos no dependía de un contrato laboral. Cuando sucedieron las cosas, no era "empleada" de MVS, sino una profesional independiente cuya relación legal era de otra naturaleza (en realidad *es*, si concedemos que el contrato sigue vigente hasta diciembre de 2015). Ese vínculo tiene también carácter asociativo. Mis ingresos quedaron ligados al volumen de ingresos que MVS obtuviera por comercialización durante las cuatro horas del programa matutino. Dicha responsabilidad corrió a cargo de MVS. Una parte fundamental del código de ética indica que no deben mezclarse contendidos editoriales con estrategias comerciales; los contenidos y los mensajes publicitarios tuvieron sus espacios delimitados. Así, se implantó una maquinaria para crear un conflicto artificial que escalara gradualmente para que los periodistas nos fuéramos por nuestro propio pie. Era tan obvio lo que hacían que decidimos quedarnos. Teníamos que defender el espacio ganado con las audiencias, hacer valer nuestros derechos y exigir que se respetaran las obligaciones contractuales.

Fue Joaquín Vargas Guajardo con quien negocié y acordé, en 2009, los términos de un contrato civil de avanzada. Ahí pusimos por escrito los términos en los que yo regresaría a la radio, después de un año fuera del aire, para dirigir un espacio de noticias de lunes a viernes, con duración de cuatro horas cada mañana. A su vez, MVS recuperaba la programación de noticias después de varios años de haberlas sacado de su barra programática. Se asentaban así los criterios de carácter legal que permitían formalizar la relación que tendría la empresa de comunicación conmigo como periodista.

Javier Corral, amigo de ambos, hoy senador de la República, no sólo fue el facilitador de los encuentros, sino sobre todo del diseño legal del contrato; en él se cristalizaban las muchas batallas dadas por Javier, en diferentes frentes, por el derecho a la información, la transparencia y la libertad de expresión. Ahí se estableció que la periodista sería responsable de contenidos y decisiones editoriales de la primera emisión de Noticias MVS. Se incorporaba un código de ética que yo llevé a la mesa y que nos obligaba, a mí como periodista frente a la empresa, a la empresa frente a mí como periodista y a ambos frente a nuestras audiencias. De este modo, quedaba establecido por escrito lo que se vale y lo que no se vale en la tarea periodística, para añadirlo con valor legal al contrato. Con apertura, Joaquín Vargas dejaba asentado un precedente moderno con el cual su empresa de comunicación se dotaba de herramientas legales y prácticas para que los periodistas ejerciéramos nuestras tareas con responsabilidad, con un formal compromiso ético y en libertad. Nadie quería sorpresas y ambos queríamos retornar con gran fuerza a las noticias.

Aunque él no lo negoció, fue Alejandro Vargas Guajardo quien firmó ese contrato en su calidad de directivo de MVS Radio, parte del grupo familiar empresarial que posee negocios en diferentes ramas y del cual Joaquín Vargas es la cabeza principal. Hasta antes de los funestos hechos que aquí narro, Alejandro se comportó invariablemente como un aliado del equipo de periodistas de la primera emisión, ofreciendo condiciones y recursos para nuestro desempeño. Lamento, también, lo que pudo haber pasado con él.

Se delinearon de tal manera las tareas y responsabilidades de la periodista y de la empresa de comunicación, respecto a la independencia y la libertad editorial con la que debíamos conducir nuestra tarea, que se incorporaron también mecanismos de resolución de controversias. En caso de existir una controversia de carácter editorial, y de no poder resolverse en el marco de una interpretación conjunta del código de ética, se recurriría a un tercero y se haría valer la figura arbitral que también quedó plasmada en el contrato.

Nuestro primer árbitro fue el propio Javier Corral, quien había sido suficientemente pulcro y equilibrado en sus planteamientos para conformar ese contrato. Tanto a Joaquín como a mí nos pareció la persona idónea en caso de que fuera requerida la acción de esa figura arbitral. Tiempo después se invitó como árbitro al maestro Miguel Ángel Granados Chapa. El gran periodista, figura ética indiscutible, aceptó generoso y entusiasmado de conocer un contrato moderno mediante el cual una empresa de comunicación y una periodista se daban herramientas prácticas y legales no sólo para ejercer libertades, sino para definir por anticipado los mecanismos civilizados y transparentes que permitieran resolver controversias.

Al morir Miguel Ángel coincidimos en invitar como árbitro al respetado José Woldenberg, maestro universitario y ex presidente del consejo general del IFE. Una vez revisado el contrato y el código de ética, Woldenberg aceptó la encomienda. Nadie imaginó, empezando por él, que le tocaría ser parte de algo rocambolesco que derivaría hasta los tribunales.

La misma mañana en que la mayor parte del equipo de base fue echado a la calle con presencia de guardias de seguridad, impedido su ingreso a la cabina y zonas de trabajo, los demás participantes del noticiero decidieron anunciar que no entrarían más al aire en esas condiciones. Con decisión y sin titubeos, los colaboradores y comentaristas de la primera emisión de Noticias MVS manifestaron su rechazo y repudio: Lorenzo Meyer, Denise Dresser, Sergio Aguayo, Jorge Alcocer, Enrique Galván Ochoa, Mardonio Carballo, Manuel de Santiago se expresaron con enorme dignidad y congruencia frente al atropello. Lo mismo hicieron de diferentes maneras figuras clave en este equipo. Laura Barranco, Luis León, Livier Cuevas, Dulce María González, Gustavo Sánchez y más de 25 personas a las que arbitrariamente se les impidió seguir desarrollando un trabajo periodístico. Varios de estos colegas promovieron, al igual que miles de personas de la audiencia, recursos legales para buscar el amparo de la justicia ante actos arbitrarios y claramente contrarios a la ley en los que ha incurrido MVS, la empresa que quedó convertida en instrumento de venganza, agresión y censura contra los periodistas.

En medio de la polémica por la arbitraria expulsión de los periodistas, la revista *Proceso* publicó una entrevista donde el relator especial de la OEA para la libertad de expresión calificaba esos "lineamientos" como mecanismos de control y censura. También voces especializadas, periodistas, intelectuales y organizaciones ciudadanas se pronunciaron de manera categórica. Varios promovieron recursos legales. La Asociación Nacional de Abogados Democráticos, el Centro de Comunicación Social (Cencos), Comunicación e Información de la Mujer (Cimac), Artículo 19, la Asociación Mexicana de Derecho a la Información (Amedi) y el Grupo de Acción por los Derechos Humanos y la Justicia Social, y varios de los colaboradores de la primera emisión de Noticias MVS, presentaron un demanda de juicio de amparo contra la imposición de los nuevos "lineamientos".

Las organizaciones civiles especializadas en la documentación y defensa de casos relacionados con libertad de expresión y derecho a la información alegaron que acudieron a solicitar la protección de la justicia federal ante claras omisiones de las autoridades, las cuales no intervinieron frente a la emisión de "lineamientos editoriales" que violentan los derechos de periodistas y comunicadores. Con la acción de MVS "se atentó contra los principios éticos del periodismo y se convirtieron en censores privados, lo que representó una clara imposición de una forma diversa de la censura previa". Por su parte, quienes se unieron a ese recurso, como parte del equipo del noticiero, alegaron que "las autoridades tienen la obligación de vigilar que todas las empresas cumplan con la ley, pero especialmente aquellas que explotan un bien del dominio de la nación".

En el recurso de amparo que promoví se le pide a la justicia que los particulares (MVS), en este caso, sean considerados no como *particulares* sino como *autoridad*. MVS cometió acciones contrarias a la ley y a los derechos fundamentales de periodistas y audiencias en su calidad de representante del Estado, dado que detentan y administran legalmente un bien del dominio de la nación. Más recursos de amparo fueron promovidos y se está a la espera de resoluciones. Abogados como David Peña, Karla Micheel Salas, Margarita Griesbach, Luis Pérez de Acha y otros se pusieron al servicio de una gran batalla en defensa de nuestras libertades y derechos fundamentales.

El papel de la justicia ante estos recursos que buscan amparo para ciudadanos y periodistas es algo que todavía está en curso y merece un capítulo aparte.

MVS está en falta legal por el incumplimiento de un contrato, que hoy pretenden dar por terminado por medio de una demanda mercantil sacada de la chistera. Agresiva, infundada y mentirosa, esa demanda en mi contra alega, entre otras cosas, que el uso de contenidos transmitidos durante mi programa —recuperados a través de notas redactadas y acompañadas con el crédito a nuestra emisión en MVS— por el sitio de Aristegui Noticias, les ha causado inimaginables daños y perjuicios.

Por más ridículos que resulten los alegatos, el riesgo de que su demanda me cause daños patrimoniales y de otro tipo queda como amenaza sobre mi cabeza. Sobre todo si el sistema judicial en ese ámbito se comporta como lo hicieron los magistrados que mataron el juicio de amparo que promoví con el patrocinio de los abogados Javier Quijano y Xavier Cortina ante el juez Fernando Silva García quien, con valentía, lo admitió para iniciar un proceso. Los planteamientos jurídicos de Quijano y Cortina abrieron brecha para hacer valer la nueva ley de amparo y la reforma constitucional por los derechos humanos y en materia de telecomunicaciones.

Con esas nuevas herramientas se presentó una demanda que de inmediato puso en alerta a la industria concesionada de radio y televisión. La posibilidad de que ese juicio prosperara hizo que la Cámara Nacional de la Industria de la Radio y la Televisión pidiera al juez que escuchara sus argumentos sobre por qué eso no debería ocurrir. La presión al poder judicial fue de antología. No se permitió siquiera que el juicio se realizará. La denegación de justicia a una periodista que pedía amparo por un hecho de censura y violación a sus derechos fundamentales no sólo es una aberración jurídica, sino un signo muy preocupante de regresión autoritaria en este país. El juez podía darnos o no la razón, pero teníamos derecho —mis abogados y yo— a que se nos escuchara y a presentar nuestras pruebas y alegatos. El palacio de la justicia nos cerró la puerta. Nos dejaron, literalmente, en la banqueta, diría el connotado jurista Javier Quijano, quien días

después de la sentencia comentó en un mensaje de Whats-
App que la sola lectura del engrose de esos magistrados le
había causado náuseas.

Mucho se ha escrito y dicho en la prensa nacional e internacional sobre la naturaleza, el contexto y la maquinación
de este golpe contra quienes trabajamos el reportaje, centro
y foco de este libro. La lectura coincidente es que se trata de
la acción autoritaria de un gobierno acorralado que ha sido
incapaz de responder, de manera creíble y seria, a una enorme cantidad de asuntos que lo comprometen gravemente:
la casa blanca y otras propiedades de su entorno más inmediato seguían siendo investigadas por nuestro equipo en el
momento en que fuimos expulsados.

José Gutiérrez Vivó, el legendario periodista y decano de
la radio mexicana, sabedor de lo que habla, declaró a *El País*:
"Nadie se atreve a hacer semejante cosa si no tiene luz verde
de Los Pinos". Muchos otros se manifestaron en ese sentido.
La maniobra de silenciamiento fue tan obvia e irracional en
la lógica empresarial y de negocios, que no hay otra interpretación posible si se quiere abordar el caso de manera seria.

El mandato de quienes instrumentaron el encargo era
sacar de inmediato a los periodistas del aire. No importaban
ni las formas ni las maneras. Atropellaron todo: acuerdos
contractuales, código de ética, figura arbitral, cláusulas, plazos para resolver controversias, etcétera. Sacar del aire a los
periodistas era el mandato. A costa de lo que fuera. Rápido
y sin contemplaciones. De manera alevosa actuaron quienes

operaron a nombre de MVS y de la familia Vargas Guajardo. Lo que ahí se jugaba incluso los llevó a asumir altos costos morales. Tenían que acabar con ese noticiero. Incumpliendo la ley, incumpliendo su propia palabra.

El periodista Jorge Ramos se manifestó, sin rodeos, sobre la naturaleza del caso. Durante la gala de la revista *Time*, en la que se le reconoció como uno de los 100 personajes más influyentes del mundo, asumió una postura crítica y de denuncia en un foro privilegiado de alcance internacional.

El conductor estrella de Univisión dedicó parte de su discurso esa noche a "un grupo de periodistas mexicanos que han denunciado la corrupción a los niveles más altos del gobierno mexicano". "Esto es lo que está pasando", dijo el mexicano:

> El presidente Enrique Peña Nieto y su esposa, Angélica Rivera, y un ministro, compraron casas a contratistas del gobierno y, después de eso, estas compañías obtuvieron millones de dólares del gobierno. En cualquier país con un poco de Estado de derecho, el presidente hubiera sido forzado a renunciar. ¿Adivinen que pasó? El presidente de México no renunció y los periodistas que denunciaron la corrupción fueron despedidos. Eso no es "salvar a México".

Ramos miró a la cámara y lanzó —en español, frente a su audiencia en inglés— un mensaje directo y claro contra la censura y la corrupción en México: "Señor Peña Nieto, comprar casas de contratistas y luego darles millones de dólares en contratos, eso es corrupción, por eso tanta gente quiere su renuncia… y no nos vamos a callar", soltó en una postura solidaria con los periodistas de la casa blanca.

En este libro, Lizárraga, Cabrera, Huerta y Barragán comparten algunos pasajes sobre la génesis, el desarrollo y desenlace relacionados con este reportaje especial.

Todo empezó con algo muy sencillo, pero también muy poderoso: el piquete de curiosidad que provocó en Rafael Cabrera la exhibición de una revista, en un anaquel de supermercado, que llevaba como portada la imagen de la actriz Angélica Rivera, esposa del presidente de la República.

Habituada a las cámaras y a la escena pública, la actriz de televisión —a quien ya se le conocía como *la Gaviota*— era mostrada en grandes fotos al interior de una residencia espectacular. Rivera confió a la revista que el matrimonio ya había hablado con los muchachos para dejar claro que Los Pinos era algo "prestado", y que el "hogar" donde vivirían se encontraba, precisamente, en esa casa de grandes paredes blancas.

Reportero de compras sigue siendo reportero. Cabrera compró la revista en el supermercado y empezó a hacerse preguntas. Probablemente las que los lectores de la revista *¡Hola!* se estarían haciendo también al ver esas fotos y leer esa entrevista: ¿de qué manera se hizo de esa casa la familia Peña Nieto-Rivera? Los ingresos como servidor público de

Peña Nieto no dan para adquirir una casa con esas características, ubicada en una de las zonas de mayor plusvalía en la capital del país. ¿Cómo pudo entrar en posesión de esa casa? ¿Cuánto vale y de qué tamaño es? ¿Fue registrada o no por Peña Nieto en su declaración patrimonial? Así empezó esta historia y en este libro se cuenta lo que pasó después.

Los colegas relatan los avatares que se vivieron para lograr que el producto de esa investigación fuera conocido por la sociedad mexicana y la opinión pública internacional. Está aquí, apenas delineado, lo que ocurrió a raíz de la revelación del reportaje: más censura y la expulsión de un equipo de 25 profesionales del espacio en el que desarrollábamos nuestro trabajo en la radio mexicana.

En el más puro estilo del surrealismo mexicano, al tiempo que estábamos fuera del aire producto del golpe de censura contra nuestro trabajo, recibíamos por este reportaje el Premio Nacional de Periodismo y estábamos como finalistas en el Premio Gabriel García Márquez de la Fundación Nuevo Periodismo.

La divulgación del reportaje trajo consigo importantes repercusiones en la prensa nacional e internacional y provocó una sacudida en el mundo político. Obligó a la presidencia a intentar dar explicaciones y la señora Rivera compareció ante la sociedad a través de un mensaje difundido en YouTube para explicar cómo obtuvo esa residencia. ¿Por qué esa residencia millonaria, propiedad de un próspero contratista, amigo del presidente, era ocupada por Peña Nieto y su familia?

Se dijo que era de ella. Que ella se puso de acuerdo con el contratista. Que había ganado mucho dinero en Televisa. Que, a pesar de poseer la millonaria residencia que le entregó Televisa en la calle de atrás de la casa blanca, ella decidió "ampliarse" y comprar a plazos lo que hoy hasta Peña Nieto llama la casa blanca. El mensaje de *la Gaviota* resultó no sólo contraproducente, sino demoledor para su imagen pública. Casi nadie creyó nada. Al día siguiente, una encuesta de *Reforma* mostró con números los estragos causados en la imagen de Rivera y del propio Peña Nieto. La casa blanca ha marcado gravemente la percepción que sobre Peña y su gobierno se tienen en el país y fuera de él. Se cuestiona su integridad y la de su administración.

En algún punto de esa crisis, Peña decidió habilitar como secretario de la Función Pública a un incondicional para investigarlo a él, a su esposa y a su secretario de Hacienda. Virgilio Andrade, académico, ex consejero del IFE, amigo cercano del secretario de Hacienda, fue presentado públicamente por Peña Nieto como el funcionario encargado de investigar si hubo o no conflicto de interés en los procesos de licitación o asignación directa a las empresas de Grupo Higa, dueño legal de la casa blanca. Andrade tenía la delicada tarea de resolver si había alguna conducta sancionable en la adquisición de la casa blanca, la de Malinalco (propiedad de Luis Videgaray) y la de Ixtapan de la Sal (que Peña le compró a otro contratista, amigo suyo). Seis meses tardó Andrade en dar su veredicto, aunque ya se conocía por anticipado. El flamante funcionario no encontró ni rastro de algo que oliera a conflicto de interés. Desvío de recursos, tráfico de influencias o actos de corrupción fueron materias no mencionadas que parecen no haber formado parte de la investigación.

En aquel momento se desató —con igual o más fuerza que cuando Rivera intentó explicar el origen de la casa blanca— un tsunami de críticas, burlas y descalificaciones, sobre todo en las redes sociales, contra el informe de Virgilio. Los caricaturistas mexicanos, implacables, mostraban a Andrade como un bufón.

Enredado en una explicación que no convence a nadie y que resulta inverosímil para propios y extraños, Peña Nieto ha terminado por reconocer que el tema abonó en "en el clima de desconfianza" que existe hoy en México. En el control de daños, Peña Nieto ha intentado generar empatía, dando discursos en los que agrega una pizca de autocrítica. Apenas una pizca, sin llegar a ningún fondo. En una entrevista a la televisión dijo:

El presidente de la República y los servidores públicos no solo están obligados a observar puntualmente la ley, sino también a evitar que en cualquier acción se den eventos que despierten alguna suspicacia por una eventual irregularidad, si es que la hubiera… Aquí claramente no la hubo. [La casa blanca] fue algo que sí afectó y lastimó, evidentemente, el ánimo social, y también lastimó internamente a la familia.

En algunos momentos, Peña Nieto parece traicionado por el inconsciente. Julio Hernández López, en su Astillero de *La Jornada*, lo consignó de esta manera:

Extraña construcción conceptual (y virtual confesión involuntaria) de un político bajo ácidas acusaciones relacionadas con enriquecimiento cuando menos inmobiliario: "Después de esta experiencia", dijo Enrique Peña Nieto al periodista Carlos Marín en relación con la casa blanca y la eventual aparición postsexenal de otras propiedades lujosas que ahora se compraran, "ni siquiera me anima, ni deseo tengo, y aunque lo hiciera de forma legal y legítima, por ahora, de adquirir algo".

Vaya lapsus. No compraría ahorita nada, "ni aunque lo hiciera de forma legal y legítima". Vaya lapsus.

Con estas palabras, pretendo invitar a la lectura de este libro. Imposible que se abarquen todos los ángulos de esta historia y del contexto en el que acontece. No están aquí narrados, por ejemplo, los procesos judiciales y los recursos de amparo que por censura, mala actuación e incumplimiento de la ley de un grupo concesionario, mencionados líneas arriba, promovimos periodistas y miles de personas que reclamaron, con la ley en la mano, sus derechos de audiencia; así como los recursos legales que promovieron organizaciones especializadas en derechos humanos y libertad de expresión. No forma parte del texto, tampoco, la andanada legal y mercantil que se echó a andar como parte del castigo y la venganza promovida contra quienes se atrevieron a revelar los pormenores de la casa blanca. Esos ataques, desde el poder y por la vía judicial, se mantienen abiertos y amenazantes. Buscan intimidar, amedrentar y silenciar la voz de los periodistas. No sobra decir que no está entre nuestros planes dejarnos silenciar.

En otro tiempo y circunstancia habrá oportunidad de contar la batalla por la libertad de expresión y los derechos de los periodistas que dieron —y continúan dando— los abogados Javier Quijano, Xavier Cortina y sus brillantes colaboradores por el juicio de amparo que promovieron para impedir la consumación de un golpe de censura, que nos hizo retroceder a los años setenta.

El juez Fernando Silva García admitió a juicio ese recurso, haciendo valer el nuevo paradigma por los derechos humanos que se supone debe regir toda actuación judicial en México. Sin embargo, un tribunal colegiado —instalado en el pasado o movido por la consigna— optó por aniquilar el juicio. Ni siquiera se permitió que se discutiera si una empresa concesionada de comunicación, que administra un bien que pertenece a los mexicanos, tiene derecho a imponer "nuevos lineamientos editoriales" a este grupo de periodistas, y a cambiar de tajo un modelo de libertad editorial —amparado por un contrato vigente— por otro de control y censura previa. Se planteó que para continuar al aire en ese noticiero los periodistas tenían que aceptar esos lineamientos. Al negarnos, los periodistas fuimos echados a la calle de la peor manera. La maquinaria echada a andar impidió que el juez Silva analizara los alegatos de las partes y resolviera judicialmente tan importante cuestión.

Se ve difícil que algún otro periodista de la radio o la televisión acuda ante la justicia para promover algún amparo por actos de censura y contrarios a la libertad de expresión. El régimen concesionado de radio y televisión, que cabildeó ante el poder judicial, respira hoy más tranquilo. En este caso el poder judicial dio la espalda a los periodistas, a la libertad de expresión y al tan cacareado nuevo paradigma. Lamentable que el asunto no llegara a los ministros de la Suprema Corte de Justicia. Sólo ellos saben por qué no escucharon nuestro llamado.

En cualquier caso, no perdimos un juicio ni ellos lo ganaron, como insisten en decir maliciosamente un puñado de voceros oficiosos. En algo indigno para el sistema judicial mexicano, a quienes acudimos al palacio de la justicia ni siquiera se nos permitió presentar pruebas y alegatos. Al juicio lo mataron con la simple presentación de una queja. Los magistrados, que actuaron de tan mala manera, ahora tendrán por lo menos algún problema de conciencia. La parte oscura del poder judicial no resolvió una queja, lo que hizo fue dar un tiro de gracia.

De tan evidente, la desconfianza en las instituciones y los personajes públicos ha sido reconocida en voz alta por Peña Nieto, quien vuelve a recetar a México otro decálogo de actuación pública, tratando de sortear una crisis frente a la que no se está haciendo nada de fondo.

La increíble fuga del *Chapo* Guzmán; las graves violaciones a derechos humanos en Tlatlaya, Ayotzinapa, Apatzingán, Tanhuato y otros lugares donde aparecen como responsables agentes del Estado; los escándalos de corrupción, conflictos de interés y tráfico de influencia. La casa blanca, la "otra casa de las Lomas", la de Ixtapan de la Sal, la de Malinalco de Videgaray, las de Osorio Chong y Luis Miranda están ahí, sin un ente independiente que las investigue. No hay un congreso que exija cuentas, hay una sociedad enojada que no encuentra quien la represente. De la misma manera en que el Monexgate, el escándalo de OHL y otros tantos quedan sumidos dentro de un colapsado sistema de justicia y rendición de cuentas, de la misma manera empezamos a voltear a realidades externas.

Una rendija se abrió para la justicia y contra la impunidad con el informe del Grupo Interdisciplinario de Expertos Independientes para el caso Ayotzinapa. Después de seis meses de trabajo, dieron la vuelta a lo que se presentó como la "verdad histórica" del emblemático caso. Con peritajes nuevos y una revisión de los expedientes, los expertos exhibieron con mesura, pero con firmeza, un panorama que sólo es posible si hay una gran ineficacia para investigar y procurar justicia, o bien se trata de la señal de una inmensa colusión entre crimen organizado y autoridades de todo tipo. Como efecto del informe de los especialistas internacionales, de la mano de lo que ha ocurrido en Guatemala, empiezan a escucharse voces que plantean para México un periodo de justicia transicional que abra la puerta a la asistencia del extranjero. La impunidad y la corrupción en los más altos mandos demostradas en los casos mencionados hacen que la idea suene cada vez menos descabellada.

La misma semana en que Otto Pérez Molina, ex presidente de Guatemala, fue desaforado, obligado a renunciar y conducido a la cárcel para iniciar un proceso judicial por corrupción, en México miles de ciudadanos, estimulados sin duda por la histórica decisión de Guatemala, registraban su firma en la plataforma Change.org, adhiriéndose a la iniciativa del Congreso Nacional Ciudadano que promueve una denuncia colectiva contra el presidente Enrique Peña Nieto, e integrantes de su gabinete, por enriquecimiento ilícito.

El paralelismo entre Guatemala y México resulta inevitable. ¿Por qué en Guatemala sí y en México no? ¿Por qué allá, y no acá, es posible el procesamiento, en los más altos niveles de gobierno, por temas de corrupción, violaciones graves a los derechos humanos y conductas genocidas que se han presentado de manera inocultable en ambos lugares? ¿Por qué en un país con una historia de corrupción e impunidad tan grave como Guatemala fue posible un giro cualitativo de estas dimensiones? ¿Por qué México sigue metido en un sistema de simulaciones y escarceos que se traducen en leyes de avanzada y reformas constitucionales de primer mundo, pero que se quedan en agua de borrajas cuando se trata de temas trascendentes?

El colapso institucional y la degradación de la vida pública hacen indispensable un debate nacional que dirima si

México, por sí mismo, está en condiciones de enfrentar el cúmulo de casos de corrupción, violencia, desapariciones forzadas e ineficiencia gubernamental. Hasta ahora, esto se ha traducido sólo en la indignación que suceso tras suceso resiente nuestra maltrecha y dolida conciencia nacional.

Enrique Peña Nieto se convirtió en el primer presidente del PRI después de que la alternancia en la presidencia no lograra desmontar las viejas estructuras de un régimen que operó durante más de setenta años. Peña Nieto es producto de esa transición fallida.

Los llamados poderes fácticos, es decir, aquellos que ejercen influencia en los órdenes de gobierno sin mandato democrático ni representación formal, crecieron a la sombra de una débil alternancia. Lograron imponer condiciones y nuevas reglas del juego a los actores políticos. Las televisoras, protagonistas en este periodo, lograron cambiar la correlación de fuerzas para colocarse por encima —ni siquiera al lado— del poder presidencial. La ecuación cambió y los presidentes se convirtieron en "soldados de las televisoras". Dos capítulos marcan claramente hasta qué punto llegó el ejercicio de ese poder factual y cómo la clase política intentó sacudirse la supremacía adquirida.

En 2006, la Cámara de Diputados aprobó por unanimidad, en siete minutos y sin discusión alguna, una de las legislaciones más ventajosas y contrarias al interés general, conocida desde entonces como la Ley Televisa. Con ella se registró uno de los hechos más vergonzosos de sometimiento del poder legislativo al de las televisoras.

No obstante, al final la Ley Televisa fue declarada "parcialmente inconstitucional" por la Suprema Corte de Justicia de la Nación, que resolvía de esa manera la acción promovida por 47 senadores de la República que plantaron cara al atropello con valentía. Vía la Corte, lograron revertir lo que era un agravio a la nación y a la propia clase política.

A la subordinación grosera a la Ley Televisa, se sumó la grave intervención que durante el proceso electoral de 2006 realizaron grandes poderes económicos, los cuales incidieron como nunca antes en una elección presidencial. En tal contexto, se trastocaron equilibrios básicos entre los poderes formales y aquellos que se ejercieron al margen del orden institucional. La alarma estaba encendida.

Enseguida comenzó a fraguarse una contraofensiva para recuperar el terreno perdido por los actores políticos que lamían aún la humillación que sufrieron con la imposición de la Ley Televisa. De este modo, se planeó una reforma constitucional para modificar de cuajo el modelo de financiamiento y acceso a medios que había imperado hasta el momento. La clase política daba con ello un golpe de timón.

Más tardó en conocerse la iniciativa que en convertirse aquello en el más fuerte e insólito encontronazo público entre la industria de la radio y la televisión y los congresistas mexicanos. En septiembre de 2007 se aprobó la reforma electoral que modificaba dramáticamente los ejes de la relación entre concesionarios, actores políticos, partidos, candidatos y autoridades electorales. Se desató una guerra desde las pantallas y los micrófonos contra los legisladores. Así surgieron amenazas públicas y privadas de impedir que se aprobara esa legislación, la cual regularía a través de la autoridad electoral los tiempos en los medios concesionados de radio y televisión. Con ello se arrancaba de golpe una parte de los privilegios que había concentrado el poder mediático sobre el político. No sólo se disminuía la discrecionalidad en el acceso a los espacios de radio y televisión, sino que se prohibía el uso del dinero privado para favorecer candidaturas.

La reforma fue aprobada a pesar de que se promovieron recursos y se desató una campaña en los propios medios contra la nueva legislación, alegando que era restrictiva y que atentaba contra la libertad de expresión.

Entonces vino una contraofensiva que dañó la ya de por sí dañada transición democrática mexicana. La televisión decidió realizar una impresionante inversión política y mediática para imponer a su propio candidato. El personaje elegido fue el joven gobernador mexiquense Enrique Peña Nieto, al que montaron en un descomunal aparato de promoción y posicionamiento que lo convirtió en el candidato inevitable del PRI a la presidencia de México.

Como ningún otro, Peña Nieto fue mostrado desde la televisión. Como ningún otro, contó con los mejores recursos de publicidad masiva. Invariablemente la imagen, las actividades y los logros del gobernador, precandidato y luego candidato a la presidencia, poblaron los mejores espacios y tiempos de la televisión. El fenómeno Peña Nieto quedó asociado inevitablemente a una imposición. No pocas coberturas internacionales sobre el resultado de las elecciones mexicanas daban cuenta de que había ganado "el candidato de la televisión".

El ex gobernador mexiquense llegó a Los Pinos no como producto de una segunda alternancia democrática o como resultado de una reivindicación histórica de su partido, sino como el resultado de una operación de posicionamiento. Por lo demás, el regreso del PRI al poder Ejecutivo también fue posible gracias a un esquema paralelo de financiamiento millonario bautizado por los periodistas que lo investigaron como el Monexgate.

Y es precisamente ahí, durante la campaña presidencial, donde se puede rastrear el posible conflicto de intereses entre el secretario de Hacienda, Luis Videgaray, y el empresario Juan Armando Hinojosa Cantú. No es ocioso recordar que el Grupo Higa, a través de su filial Eolo Plus, fue el proveedor de las aeronaves usadas por el entonces candidato Peña Nieto, por lo que cobró 26 millones de pesos.

A fin de cuentas, el reportaje de la casa blanca nos ha salido caro a todos. Creo, sin embargo, que ha valido la pena. Por lo menos para los periodistas.

Carmen Aristegui F.,
septiembre 2015

LA CASA BLANCA DE PEÑA NIETO[1]

En mayo de 2013 los lectores de la revista *¡Hola!* —habituados a conocer la vida y propiedades de la realeza y el *jet set* internacional— se toparon con un reportaje que la publicación calificó en su portada como "excepcional e histórico".

Al recorrer las páginas de la revista, apreciaron grandes fotografías de una lujosa y moderna residencia ubicada en las Lomas de Chapultepec, una de las zonas de más alta plusvalía de la ciudad de México, que servían de marco para presentar una entrevista con la actriz Angélica Rivera, esposa del presidente Enrique Peña Nieto.

La revista detalló que era "...su primera entrevista como primera dama de México. Cálida y cercana, recibió a *¡Hola!* en su residencia familiar, donde no sólo aceptó posar para

---

[1] La versión original de este reportaje se publicó el domingo 9 de noviembre de 2014 en el portal Aristegui Noticias y ahora se presenta una versión extendida del mismo, con información inédita.

nuestra cámara, sino también responder a todas y cada una de nuestras preguntas, sin miramientos y con total sinceridad…"

En la foto de portada, Rivera descubría sus dientes en una sonrisa y miraba de frente. Su pose era ligeramente inclinada, con una mano sostenida sobre una repisa de madera y la otra pegada a su cadera, como si emulara una estatua antigua. Detrás de ella, fuera de foco, se dibujaban el verde de un jardín, una sala color beige, una mesa de centro de madera y un florero con orquídeas blancas.

La primera dama, de entonces 42 años, lucía una falda larga de encaje azul marino y una blusa en tono avellana de manga larga en la que apenas asomaban sus clavículas y hombros. Las piezas eran creación de su modisto de cabecera, el jalisciense Benito Jiménez.

El resto de su imagen fue construida por un equipo encabezado por su *stylist* de confianza, José Ramón Hernández, y que la ha llevado hasta las páginas de la influyente revista *Vanity Fair* como una de las primeras damas mejor vestidas.

Pedro Senen recogió su larga cabellera de tono caoba, a excepción del fleco que caía suave sobre su frente. Alfonso Waithsman la maquilló con discreción, lejos de los colores recargados de su época como actriz de melodramas de Televisa. Dos arracadas doradas columpiando de sus lóbulos, elaboradas por el joyero Daniel Espinosa, remataban el atuendo.

El fotógrafo Adolfo Pérez-Buitrón fue el elegido para retratar a Rivera en la intimidad de su hogar. La entrevista estuvo a cargo de Maru Ruiz de Icaza, la directora editorial de *¡Hola!*, quien anotó que la primera dama pidió que el primero de los dos encuentros para la entrevista fuera en su residencia familiar, pues la casona Miguel Alemán, en Los Pinos, estaba en remodelación.

A lo largo de 20 páginas, Angélica Rivera habló del amor a su marido, de los seis hijos de ambos y… de la casa.

—¿Cómo hacen para que los niños no pierdan el piso? —preguntó en un momento la periodista.

Rivera, entonces, soltó una respuesta políticamente correcta, dentro de los márgenes de su papel como primera dama, pero que al correr de los meses desencadenaría una de las crisis más profundas del gobierno de Peña Nieto:

—En nuestra casa llevamos una vida lo más normal posible. Les he hecho ver que Los Pinos nos será prestado sólo por seis años y que su verdadera casa, su hogar, es esta donde hemos hecho este reportaje…

Esa frase fue la semilla que gestó esta historia.

A lo largo de varios meses, este equipo de investigación se dio a la tarea de documentar el origen de la lujosa residencia que Rivera presentó como el destino de la familia que forma con el presidente mexicano, una vez que concluya su sexenio, en 2018.

Con apoyo de la plataforma de periodismo latinoamericano Connectas y el International Center For Journalists (ICFJ), la investigación pudo confirmar que la residencia se localiza en la calle Sierra Gorda número 150, en las Lomas de Chapultepec, y que era resguardada por el Estado Mayor Presidencial (EMP), el cuerpo de élite que protege al presidente, su familia y a los secretarios de Estado, a manera del Servicio Secreto de Estados Unidos.

La residencia tiene un valor estimado en 86 millones de pesos (unos siete millones de dólares al tipo de cambio de julio de 2014), de acuerdo con un avalúo independiente contratado para este reportaje. Y no estaba registrada a nombre de Enrique Peña Nieto, tampoco al de Angélica Rivera ni a los de sus hijos.

Legalmente la casa es propiedad de Ingeniería Inmobiliaria del Centro, una empresa perteneciente a Grupo Higa, una sociedad que realizó obras multimillonarias en el Estado de México durante los gobiernos encabezados por los priistas Arturo Montiel y Enrique Peña Nieto, y que ha seguido sumando contratos con el actual gobernador, Eruviel Ávila.

Dirigido por el empresario Juan Armando Hinojosa Cantú, Grupo Higa estableció una relación estrecha con Peña Nieto y su círculo de colaboradores más cercano. No sólo fue contratista durante su administración, también aportó aeronaves para la campaña electoral que lo llevó a la Presidencia.

De Hinojosa Cantú poco se sabe, más allá de algunos datos generales: es alto, robusto, con amplias entradas en su cabello negro, y nació en 1956, en Reynosa, Tamaulipas. No se conoce ninguna entrevista que haya concedido. Sus negocios y relaciones políticas, en cambio, hablan por él.

El 1º de diciembre de 2012, después de tomar protesta como presidente ante el Congreso de la Unión, Enrique Peña Nieto ofreció un mensaje en el patio de Palacio Nacional. Llegó luciendo la banda presidencial tricolor cruzada bajo su traje negro hecho a la medida. Su corbata era del mismo color plateado que el escenario construido especialmente para que hablara ante 2 000 invitados: empresarios, políticos, diplomáticos, familiares...

Durante 45 minutos y 10 segundos, Peña Nieto pronunció poco más de 4 700 palabras. Habló de un país con un futuro pletórico, de un México libre y democrático: "A partir de hoy, la primera obligación que tengo como presidente de la República es cumplir y hacer cumplir la ley".

Los aplausos resonaron intermitentes aquella tarde en el patio de Palacio Nacional, como las parvadas de palomas que revoloteaban a metros de ahí, en el Zócalo capitalino.

Angélica Rivera y los seis hijos de la pareja —Paulina, Sofía, Nicole, Fernanda, Regina y Alejandro— sonreían orgullosos en primera fila. Tres filas detrás, los dos empresarios más poderosos de México, y rivales en el sector de telecomunicaciones, estaban sentados juntos: Carlos Slim, dueño de Telmex y Grupo Carso, y Emilio Azcárraga, presidente de Televisa.

Hacia el minuto 35 de su mensaje, el nuevo presidente anunció que los trenes de pasajeros, aquel símbolo de progreso y desarrollo sobre los que se forjó el México moderno, volverían a correr por el paisaje nacional, por sus llanos, cerros y barrancas:

> En la historia de México, el tren de pasajeros fue un símbolo de modernidad. Sin embargo, en los últimos años, prácticamente desapareció de nuestro país. En México volveremos a tener trenes de pasajeros para conectar nuestras ciudades. He ordenado al secretario de Comunicaciones y Transportes arrancar en el 2013 la construcción del tren México-Querétaro…

Otra parvada de aplausos se levantó entre los muros de cantera del Palacio Nacional.

En el video filmado por el gobierno se observan las extensas hileras de asientos ocupadas por los invitados. Por ahí, perdido entre la multitud de trajes y vestidos formales, un hombre escuchaba con atención la obra anunciada por el presidente. Era Juan Armando Hinojosa Cantú.

El empresario aparece con el número 798 en la lista de invitados difundida por la Presidencia. A su lado estaba sentada Teresa García, su esposa.

Peña Nieto concluyó su discurso usando la misma frase que la prensa extranjera, como el influyente semanario británico *The Economist*, utilizó para calificar los primeros meses de su gobierno: el *Mexican moment*.

"Vienen, de eso estoy convencido, mejores tiempos para todos los mexicanos. Porque éste, éste es el momento de México…"

Transcurrieron 23 meses desde aquel mensaje, y en noviembre de 2014, el tren rápido que conectaría a la ciudad de México con la capital de Querétaro era una promesa que se encarrilaba a ser una realidad.

Un consorcio integrado por China Railway Construction Corporation, paraestatal del gobierno chino, junto con tres empresas nacionales, ganó la licitación para construir el tren de alta velocidad. Fueron, en los hechos, los únicos competidores en el proceso.

El tren sería el primero en su tipo en América Latina: recorrería 210 kilómetros en 58 minutos y su inversión superaría los 3 750 millones de dólares. Y sería, también, símbolo de los nuevos tiempos prometidos por Peña Nieto.

Una de las tres empresas nacionales ganadoras era Constructora Teya, filial de Grupo Higa y, por lo tanto, propiedad de Hinojosa Cantú.

Pero algo se atravesó en la ruta del tren y el proyecto se descarriló. Los rieles ya no conectarían dos ciudades, en cambio, conducían a una casa… La casa blanca de Enrique Peña Nieto.

La vista de la casa de Sierra Gorda 150 da al sur de la ciudad de México para atrapar el movimiento del sol, desde el alba hasta el ocaso.

Miguel Ángel Aragonés, el arquitecto que diseñó la residencia a gusto del matrimonio formado por Enrique Peña

Nieto y Angélica Rivera, posee un estilo que se caracteriza por la disciplina del blanco y la construcción de la luz.

En su página de internet, el arquitecto ha incluido descripciones de cada una de sus obras. Sus palabras sobre la residencia de la familia presidencial recuerdan a un marino que se guía por el mapa estelar: "Cuando ves un terreno, lo primero que tienes que averiguar es por dónde sale el sol y por dónde desaparece. Hay que atrapar al sol, manipularlo, seducirlo, guardar su luz, no dejar que se disperse... En la ciudad de México, por ejemplo, las casas se calientan hacia el sur: luz continua, contundente..."

Durante meses, las fotografías del interior de la residencia estuvieron disponibles en internet. El equipo de Aragonés colocó en su página web una serie de imágenes capturadas por el fotógrafo inglés Joe Fletcher, especializado en retratar casas de diseño.

Las fotos fueron tomadas con un lente gran angular y a contrapartida —a manera de la técnica utilizada para la filmación de la película *El ciudadano Kane*, de Orson Welles—, para que luciera más amplia y profunda.

Todo quedó a la vista, salvo la fachada.

La mayoría de las casas construidas por Aragonés llevan como nombre la calle y número donde se ubican: Eucaliptos números 55, 65 y 77 o Tecas 43, todas en zonas residenciales. Pero la casa de Sierra Gorda 150 fue titulada "Casa La Palma", quizá por razones de seguridad solicitadas por Peña Nieto y su familia.

Semanas antes de que Peña Nieto tomara protesta como presidente, la revista de sociales *Quién* publicó una nota breve, sin firmar, perdida en páginas interiores, sobre el inmueble: "La nueva casa de Enrique Peña Nieto... Además de Los Pinos". La nota iba ilustrada con una foto de la fachada: un extenso muro blanco, con dos palmeras asomando desde el interior, y en la acera dos filas de arbustos de trueno y un árbol de jacaranda sin florear.

Pasó casi un año hasta que el propio Aragonés admitió públicamente que sí diseñó la casa a gusto del presidente y su esposa. La confirmación se dio durante una entrevista que concedió al periodista Alberto Tavira, en el programa *Los despachos del poder*, de TV Azteca. El programa se transmitió la noche del sábado 26 de octubre de 2013.

—Es público que hiciste la casa del ahora presidente de la República, Enrique Peña Nieto, ¿fue un reto para ti realmente?

—Sí, siempre es un reto trabajar para alguien con esa importancia y con esa capacidad de... Con ese nivel de inteligencia, ¿no? Y siempre es difícil tratar de captar lo que alguien específicamente necesita. Entonces sí se vuelve un reto sobre todo que yo suelo trabajar para mí, suelo no tener clientes.

Aragonés es un hombre espigado, enjuto, de cabello entrecano, voz engolada y que gusta de vestir por completo de negro, contrario a sus creaciones de blanco obsesivo. Durante la entrevista confesó que disfrutó trabajar con el matrimonio, pero se deshizo en halagos al describir a Enrique.

—¿El licenciado Peña Nieto y su esposa Angélica fueron clientes difíciles? —preguntó Tavira, reconocido por su periodismo incisivo disfrazado de frivolidad.

—No, yo creo que han sido de las personas más respetuosas y fáciles de trabajar con ellas. Ambos, los dos, sobre todo Enrique. Se me hizo un personaje de primera, un tipo inteligente, sensible, respetuoso, amable, fue una delicia trabajar con él…

—Más allá del número de habitaciones, ¿había otras especificaciones…?

—Sí, había que adaptarse a un programa, ¿no?

Al comparar las imágenes del portal de Aragonés con las fotografías de Angélica Rivera posando para *¡Hola!*, no quedaba duda: se trataba de la misma casa. La sala y los escalones eran iguales. Los muebles no sólo tenían el mismo diseño sino que la veta de la madera —irrepetible en los árboles como la huella digital en los humanos— era idéntica.

En la página de internet www.archdaily.com, especializada en arquitectura, se publicaron los planos de la casa. Todo quedó expuesto, como una radiografía que revela un esqueleto hueso por hueso.

En la esquina inferior derecha, los planos tienen el logo de Aragonés y evidenciaban su ubicación en la calle Sierra Gorda. También mostraban una fecha: octubre de 2010, un mes antes de que Peña Nieto y Rivera se casaran en la ciudad de Toluca. El enlace ocurrió el sábado 27 de noviembre.

La casa tiene estacionamiento subterráneo. La planta baja cuenta con piso de mármol. Ahí se encuentran el recibidor, la sala, el comedor, sala de televisión y la cocina con desayunador. Aunque hay escaleras, un elevador conecta todos los niveles, desde el sótano hasta la azotea. El jardín tiene sala y comedor techados. Y aunque en un inicio se contaba una terraza en la azotea con jacuzzi y bar, la casa fue modificada por la familia en esa área.

Cada detalle, cada trazo, fue supervisado por el matrimonio y atendido por el arquitecto.

Un extenso y alto recibidor, cubierto por un domo que filtra la luz solar, es el corazón de la casa. El espacio recuerda a una espaciosa galería. Y así fue, pues Aragonés convocó a artistas para dar vida a la mansión.

Una pieza de la serie *Árboles*, de Fernando Bermejo (España, 1949), fue colocada en una de las paredes del vestíbulo. Esta obra se puede observar detrás de Angélica Rivera en una de las fotografías publicadas en *¡Hola!*

El escultor holandés Jan Hendrix prestó una de sus piezas; el polaco Xawery Wolski proporcionó algunos de sus emblemáticos eslabones blancos.

Una semana después de que se difundió la versión original del reportaje, la crítica de arte Blanca González Rosas hizo un juicio incisivo en un artículo que escribió para la revista *Proceso* sobre el estilo elegido para la casa blanca.

Sus palabras eran como un escupitajo lanzado a una pintura: "La decoración arquitectónica no es sinónimo de arte".

El recibidor divide en dos partes iguales el primer piso, ahí donde se encuentran las recámaras. En el ala oriente se construyeron seis, una para cada uno de los hijos de la familia. Todas idénticas en espacio: rectangulares, con baño privado y tapanco incluido, una seguida de otra.

En el ala poniente, ocupando la misma extensión que todos los cuartos juntos de los hijos, se diseñó la espaciosa recámara principal.

La habitación asemeja un *loft:* en la parte baja está la cama tamaño *king size* con una televisión de pantalla plana enfrente, una sala, vestidor, baños separados, mientras que una escalera conduce al área de *spa.* Un largo ventanal da hacia la calle de Sierra Gorda, pero dos muros —uno de arbustos, otro de concreto— protegen la vista del exterior.

Una serie de documentos de la empresa maderera T-Tracarp dan cuenta del gasto en madera para la casa: por la fabricación de las puertas de pino con forro de encino, junto con el piso para el comedor del jardín, se pagaron cerca de 500 000 pesos.

El color blanco recubre todos los muros de la casa, desde el interior hasta la fachada. Las líneas rectas predominan, disciplinadas, estrictas, como una escultura de hielo. Pero los muros blancos no fueron pensados como un gesto de austeridad o simpleza. Al contrario, sirven de lienzo para un sistema de iluminación que permite crear ambientes cálidos:

puede tornarse rosa, naranja o violeta, y derretir la aparente frialdad de la residencia.

Las luces fueron obra del arquitecto Gustavo Avilés, quien ha hecho otros trabajos para Aragonés, además de edificios públicos y corporativos, como el Centro Nacional de las Artes o Televisa. La empresa Ilumileds fue la proveedora de los focos. La compañía todavía presume las fotos de los interiores en su página web.

En el jardín no hay plantas florales, sólo las dos palmas que se aprecian desde la calle. El césped está perfectamente recortado, como los campos donde Enrique y su hijo Alejandro juegan golf.

En dos ocasiones se buscó a Miguel Ángel Aragonés para entrevistarlo sobre la casa blanca. La primera en mayo de 2014, la segunda durante el mes de junio. Pero su agente de prensa, Antonino Trinidad, dijo que el arquitecto firmó una cláusula que le impedía hablar.

—Él maneja una carta de confidencialidad con sus clientes, no nada más en este caso sino en general, ¿no? Y esos datos no los maneja él…

—En este caso se refiere a la casa del presidente, ¿no?

—Claro.

En su página web, en la descripción que acompaña a la casa de Sierra Gorda 150, Aragonés escribió: "La luz puede resultarnos un enigma, pues en ella hay mucho más que aquello de lo que nos damos cuenta…"

Sol. Blancura. Pulcritud. Y hasta los más oscuros secretos pueden ocultarse bajo la luz del día...

El 12 de noviembre de 2008 el entonces gobernador del Estado de México, Enrique Peña Nieto, fue invitado al programa nocturno de entrevistas *Shalalá*, de TV Azteca, que conducían la escritora Sabina Berman y la periodista Katia D'Artigues.

—¿Un tequilita? —le ofreció Katia.

El político no dudó en aceptar "para abrir garganta". Iba, dijo, un poco enfermo.

—Vamos a hablar de todo, ¿verdad? —le preguntó Sabina.

—De lo que tú quieras...

Y así comenzó una noche de coqueteos y confesiones.

Expertas en su oficio, Berman y D'Artigues se ganaron primero la confianza de Peña Nieto. Sentados en una sala, durante la primera parte del programa lo dejaron hablar de sus logros en el Estado de México y los famosos compromisos que firmó ante notario durante su campaña para gobernador. Él se mostró siempre con ese aire de galán de telenovela que lo hizo popular. Fue una entrevista divertida, ingeniosa, mas nunca agresiva.

Para la segunda mitad del programa pasaron a un gran comedor a cenar. Peña Nieto sostenía un tenedor cuando un tronido lo espantó e hizo voltear hacia arriba: una docena de globos rojos, en forma de corazón, caían sobre él. Ellas reían maliciosas. Lo habían acorralado para hacerlo hablar de su relación con Angélica Rivera.

Durante ese año, la entonces actriz de Televisa había sido la imagen oficial del gobierno del Estado de México, y acababa de protagonizar su telenovela de mayor éxito, *Destilando Amor*, con un papel por el que todavía se le reconoce popularmente: *la Gaviota*.

Peña Nieto reclamó que, hasta ese momento, nunca un periodista le había cuestionado de forma directa sobre su relación con Rivera. Dio un trago a su copa de vino tinto y puso la pregunta sobre la mesa.

—¿Quieres saber si somos novios?

—Sí, respondió D'Artigues.

—Sí…

La confesión de aquella noche se convirtió en la sensación de las revistas del corazón, que les dedicaron sus portadas y extensos artículos. Era el inicio de una telenovela de la vida real. La política y la farándula mexicanas se tomaron, una vez más, de la mano.

Pero hubo un dato que se mantuvo oculto durante mucho tiempo.

Exactamente un día después de la revelación amorosa de Peña Nieto, el 13 de noviembre de 2008, Grupo Higa constituyó la empresa Ingeniería Inmobiliaria del Centro, la cual estuvo encargada de construir la casa blanca en Lomas de Chapultepec. Un sólo día de diferencia. El expediente de la compañía en el Instituto de la Función Registral del Estado de México muestra que Ingeniería Inmobiliaria del Centro fue creada por Juan Armando Hinojosa Cantú, presidente de Grupo Higa, y su único hijo varón, Juan Armando Hinojosa García. Ambos ingenieros de profesión. Los dos nacidos en Reynosa, Tamaulipas, en el norte mexicano. Fundaron la empresa con un capital de 50 000 pesos, aunque no en partes iguales: el padre poseía el 95 por ciento de las acciones, su hijo el resto.

Peña Nieto forjó buena amistad con los dos Juan Armando. Pero el joven empresario también fue cercano a otros políticos del Partido Revolucionario Institucional (PRI). Durante tres años estuvo casado con la hija del ex gobernador de Veracruz, Fidel Herrera. Juan Armando hijo y Rosita Herrera Borunda se casaron a finales de 2007, en el Colegio de las Vizcaínas, en la capital del país. La clase política se dio cita en la boda, incluido el entonces gobernador del Estado de México.

"Sublime boda de Rosa Herrera y Juan Hinojosa", tituló su nota la cadena de periódicos *El Sol de México*, conocida por su afinidad al PRI.

El matrimonio duró poco. En 2011 la joven pareja se divorció. De los buenos tiempos quedaron las fotos de su boda y una serie de contratos que el gobierno de Fidel Herrera dio a Eolo Plus, la empresa de helicópteros y jets privados de su ex yerno.

La última vez que Peña Nieto y Juan Armando *junior* se vieron fue el sábado 28 de julio de 2012. Aquel día, Enrique vivió un doble festejo: su triunfo en la elección presidencial y que ocho días antes había cumplido 46 años. La fiesta se realizó en la hacienda Cantalagua, en Contepec, Michoacán, un exclusivo complejo turístico que cuenta con campo de golf, hotel y fraccionamiento.

La mayoría de invitados fueron transportados por helicópteros de Eolo Plus desde el aeropuerto de Toluca. Hacia la noche, Hinojosa García pidió a sus pilotos de confianza volar rumbo a un helipuerto en las Lomas de Chapultepec. Pero no llegó. El helicóptero modelo Agusta, matrícula XA-UQH, se desplomó en un área boscosa del Estado de México.

Los capitanes Miguel Ángel Rodríguez López y Rodolfo Caballero Hernández, junto con su jefe, perecieron. El dictamen pericial atribuyó el accidente a la falta de visibilidad.

Peña Nieto conocía bien el helicóptero. Él y su círculo cercano habían volado a bordo durante la campaña electoral. El PRI contrató a Eolo Plus para transportar al candidato en jets y helicópteros. Por los traslados se pagaron más de 26 millones de pesos. Todos los vuelos partían del hangar de la empresa, en el aeropuerto de Toluca.

Peña Nieto acudió con su familia al funeral del joven empresario, en la catedral de Toluca. El mismo templo católico donde, dos años atrás, se juró amor con Angélica. Las fotos captadas aquel día mostraron al futuro presidente consternado, con las mejillas y las ojeras hundidas, las sienes entrecanas, tomado de la mano de su esposa.

Juan Armando padre, con unas gafas oscuras cubriendo su rostro, llegó con su esposa, Teresa García. De la unión de las primeras dos letras de los apellidos paternos de ambos nació su empresa, Higa, como si fuera otro de sus hijos.

Peña Nieto escribió en Twitter: "Con profundo dolor, nuestras más sentidas condolencias a la familia Hinojosa García por la sensible e irreparable pérdida de Juan Armando".

El 21 de agosto de ese año, tres semanas y media después del accidente, Juan Armando hubiera cumplido 31 años.

Últimos meses de 2009. Enrique Peña Nieto cumplió poco más de cuatros años como gobernador del Estado de México y un año de noviazgo con Angélica Rivera. Se habían convertido en la pareja del momento y ya tenían planes de casarse, aunque no habían hecho público nada.

En diciembre de aquel año viajaron al Vaticano, donde fueron recibidos por el papa Benedicto XVI. Tiempo después, Angélica narró a la revista *Caras* la escena en la Basílica de San Pedro:

El 16 de diciembre de 2009 fuimos al Vaticano, me presentó como su novia y le dijo al Papa que nos íbamos a casar; él nos dio la bendición. Fue algo muy bonito, yo estaba demasiado nerviosa. Después, fuimos a rezar, y cuando estábamos dando gracias por la familia que tenemos, por su trabajo, por todas las cosas que Dios nos ha dado, me tomó de la mano de repente… Sacó el anillo de su bolsa y me dijo que me amaba.

La noticia llegó a las portadas de las revistas del corazón. Sería el segundo matrimonio para cada uno. Él, viudo desde 2007, tras la muerte de Mónica Pretelini, madre de sus dos hijas e hijo; ella, divorciada del productor de televisión, José Alberto *el Güero* Castro, padre de sus tres hijas.

Un mes antes de formalizar su compromiso, la pareja había dado un primer paso en su vida en común que mantuvieron en secreto. Pidieron a Juan Armando Hinojosa Cantú, dueño de Grupo Higa, que comprara un terreno para edificar una casa.

La compra estuvo a cargo de Arturo Reyes Gómez, representante legal de Ingeniería Inmobiliaria del Centro, y tuvo lugar el viernes 6 de noviembre de 2009. El predio elegido fue el de Sierra Gorda 150, en las Lomas de Chapultepec. Ahí había una casa vieja, posesión de una familia de apellido Farré, que la había puesto en venta. La propiedad está justo detrás de la casa de Angélica Rivera y sus hijas, en Paseo de las Palmas 1325. La transacción fue de ocho millones y medio de pesos.

El 27 de julio de 2010 la compañía presentó la manifestación de construcción ante la delegación Miguel Hidalgo. Todos los trámites fueron firmados por Reyes Gómez. Entre los documentos iba una primera versión de los planos hechos por el arquitecto Miguel Ángel Aragonés a petición de Peña Nieto y Rivera.

Al inicio, la obra se iba a limitar al predio de Sierra Gorda 150, que tiene una superficie de 685 metros cuadrados.

Pero en octubre de 2010 Aragonés proyectó algunas modificaciones: agregó el jardín y diseñó la terraza techada, para lo que necesitaría un terreno más amplio.

Un mes después, el 27 de noviembre, la pareja se casó en la catedral de Toluca. Al enlace llegó la élite política de México. Pero también se dieron cita cientos de personas para observar a la pareja detrás de unas vallas metálicas.

A la salida de la misa, Angélica —ataviada con un vestido confeccionado por el diseñador Macario Jiménez— se acercó a la multitud, dio media vuelta y lanzó su ramo. Eran orquídeas blancas, las mismas flores que, años después, adornarían la casa blanca durante su sesión de fotos para *¡Hola!*

El 14 de diciembre de ese año, exactamente 17 días después de casados, la empresa de Hinojosa Cantú compró el terreno de Sierra Gorda 160, para fusionarlo con el del número 150. Ese predio tuvo un valor de 9 850 000 pesos.

De ese modo, la inversión por ambos terrenos fue de 18 350 000 pesos y el área alcanzó un total de 1 414 metros cuadrados. La casa blanca comenzó a tomar la forma con la que ahora se le conoce.

Durante todo ese tiempo, Ingeniería Inmobiliaria del Centro fue una empresa discreta, como su dueño.

El expediente mercantil de la empresa tiene una dirección: José Vicente Villada 114, tercer piso, en el centro de Toluca. Es un edificio con fachada de vidrios oscuros, a dos cuadras detrás de la catedral donde Enrique y Angélica se casaron. El acceso es libre, no hay recepcionista ni seguridad.

En la planta baja hay un pizarrón que enlista las empresas con oficinas ahí. En el renglón correspondiente al tercer piso no aparecía Ingeniería Inmobiliaria del Centro. En cambio, estaba el nombre de su empresa hermana, Constructora Teya, la misma que ganaría la licitación para construir el tren de alta velocidad México-Querétaro.

Las empresas del consorcio no sólo comparten oficinas. Arturo Reyes Gómez también es representante legal de Eolo Plus, la empresa de jets y helicópteros privados de Grupo Higa. En varias ocasiones se le buscó para concretar una entrevista, sin éxito.

Como si fueran los rieles de un tren, la construcción de la casa blanca corrió de forma paralela a la asignación de contratos por parte del gobierno de Peña Nieto a favor de Grupo Higa. Los negocios sumaron miles de millones de pesos.

Constructora Teya hizo las autopistas de Toluca a Naucalpan y a Atlacomulco, donde nació Peña Nieto. También edificó el distribuidor vial Naucalpan-Metepec. Negocios redondos como una revolvedora de cemento que nunca se detiene.

Para los viajeros, la compañía construyó obras viales en el aeropuerto de Toluca y el Paseo Tollocan, la avenida más importante de la ciudad.

Mezcla Asfáltica de Alta Calidad, otra filial de Higa, también ganó contratos por parte de la Junta de Caminos mexiquense. Y Concretos y Obras del Pacífico, otra empresa del consorcio, trabajó para la Secretaría del Agua y Obra Pública del Estado. Esta empresa española transfirió 350 millones de pesos al gobierno del Estado de México durante la administración de Enrique Peña Nieto como contraprestación por la operación del Circuito Exterior Mexiquense. Esos recursos sirvieron para construir las Torres Bicentenario y la firma encargada de ello fue precisamente Concretos y Obra Civil del Pacífico de Juan Armando Hinojosa Cantú.

Durante la administración de Enrique Peña Nieto, Grupo Higa ganó más de 8 000 millones de pesos (unos 750 millones de dólares). Pero entre todas las obras hay una emblemática y que todavía se sigue pagando.

En mayo de 2009 la sociedad conformada por IGSA Solutions y Constructora Teya, de Grupo Higa, ganó uno de los compromisos que Peña Nieto hizo como gobernador: la edificación y operación del Hospital Regional de Alta Especialidad de Zumpango.

Bajo un esquema de inversión privada, denominado Proyecto de Prestación de Servicio (PPS), el hospital es operado por las empresas constructoras desde 2011 y continuará haciéndolo hasta el 2034. Veinticinco años, un cuarto de siglo, durante el cual el Estado de México pagará un total de 7 038 millones de pesos (unos 600 millones de dólares).

La primera etapa del hospital fue inaugurada el 14 de septiembre de 2011, un día antes de que Peña Nieto concluyera su sexenio y entregara el mando a su compañero de partido, Eruviel Ávila.

Detrás del micrófono, un gran anuncio mostraba la leyenda "608 compromisos cumplidos", pintados sobre un fondo rojo tono priista, el mismo de las chamarras que vestían los funcionarios que acompañaban al gobernador. Eran las promesas de campaña que Peña Nieto se jactaba de haber cumplido y sobre los que cimentó su carrera hacia la Presidencia.

—¡Se veee, se siente, Enrique está presente! ¡Se veee, se siente, Enrique está presente! —gritaban las voces formando una sola.

El gobernador habló durante casi 11 minutos en su último acto público. Faltaban nueve meses para que ganara la elección que sacó al Partido Acción Nacional (PAN) tras 12 años en la Presidencia.

—Quiero, desde aquí, extenderle un abrazo cálido, cordial y afectuoso, y con todo mi agradecimiento a toda la sociedad mexiquense por haberme conferido el más alto honor de toda mi vida: servir al Estado de México como gobernador.

Una lluvia de aplausos y porras cayeron sobre él mientras volvía a su lugar. Lo recibió Angélica con un beso en los labios. Ella también vestía una chamarra roja. A dos lugares a la izquierda de Enrique, aplaudía uno de sus hombres de confianza, Gerardo Ruiz Esparza, entonces encargado de transportes en el estado y quien, ya en el gobierno federal, se iba a encargar del proyecto del tren México-Querétaro. Al lado de Gerardo, vistiendo una cazadora color tabaco, un hombre alto, corpulento y de frente amplia, no dejaba de sonreír. Discreto, caminó hacia un lado y por un momento estuvo a espaldas de Enrique. Luego desapareció, mientras Peña Nieto bajaba las escalinatas para saludar al público que lo reclamaba.

Era Juan Armando Hinojosa Cantú.

Eran los primeros minutos del viernes 30 de marzo de 2012, la carrera por la Presidencia de México había iniciado. En la Plaza de la Liberación, en Guadalajara, Jalisco, ondeaban banderas blancas con el logo del PRI. La multitud convocada esa madrugada gritaba un nombre al unísono:

—¡Enrique, Enrique!

No importaba la hora, no hacía frío. La gente vestía playeras blancas. Los cuerpos se rozaban, no había espacio personal. Cuando el candidato a la presidencia por la coalición PRI y Partido Verde Ecologista de México, Enrique Peña Nieto, salió al escenario para encabezar su primer acto de campaña, los gritos estallaron, las banderas se agitaron en desorden.

Era el primero de 90 días en los que viajaría a lo largo del país. La votación sería el domingo 1º de julio, y en las encuestas él iba adelante de Josefina Vázquez Mota, la candidata del PAN, el partido en el poder, y del abanderado de los partidos de izquierda, Andrés Manuel López Obrador, quien iba por su segundo intento de llegar a la Presidencia. Gabriel Quadri, el candidato de Nueva Alianza, ni siquiera figuraba como una competencia real.

Vestía un pantalón negro y una camisa blanca arremangada, con sus apellidos bordados en hilo verde tono limón a la altura del corazón. Cada vez que enunciaba una promesa, cerraba su puño derecho, dejaba su pulgar hacia arriba, y movía el brazo hacia adelante con firmeza, a manera de aprobación, como si dijera "sí, sí, sí", y justo eso pidió a la multitud que gritara.

—Quiero hacerles una pregunta y quiero pedirles que respondan desde el fondo de su corazón, con todo su coraje y con toda su energía, en lo que realmente sienten y creen en la respuesta a esta pregunta: ¿Quieren cambiar a México?

—¡Sííí!

—¿Podemos cambiar a México?

—¡Sííí!

—Sí, fue la respuesta que ustedes dan desde el fondo de su corazón. Entonces, hoy los convoco para que con decisión y coraje iniciemos juntos el gran cambio de México.

Repitiendo la fórmula que usó para ganar la gubernatura del Estado de México, anunció tres compromisos firmados ante notario público que, para el final de la campaña, terminarían sumando un total de 266:

Quiero firmar mis primeros tres compromisos, orientados justamente a tener un Gobierno honesto y eficaz. Primero: crear la Comisión Nacional Anticorrupción... Segundo: comprometo a que el Presidente de la República y todos los mandos superiores del Gobierno Federal, tengamos la obligación de hacer pública nuestra relación de bienes y declaración patrimonial. Es por ello que a partir de hoy, y hace unos momentos, en la nueva página de internet que estamos iniciando para el curso de esta campaña —la página es: enriquepeña.com—, estoy haciendo pública mi relación de bienes… Tercero: eliminar 100 diputados del Congreso de la Unión.

—Se los firmo y se los voy a cumplir —dijo hacia el final de su discurso. Detrás de él, su equipo había dispuesto un caballete donde estaban una gran cartulina con su rostro y nombre impresos, junto a los compromisos que acababa de enunciar y un rectángulo rojo donde estampó su firma con un plumón negro. En el video captado, la firma no se alcanzó a ver. Quizá Enrique y su equipo, de cerca, la vieron. Pero a lo lejos el rectángulo lucía vacío.

La declaración de bienes publicada aquella madrugada estaba firmada por el notario público 81 del Estado de México, José de Jesús Gallegos García, e incluía nueve propiedades: cuatro casas y cuatro terrenos en diversos municipios del Estado de México, y un departamento en Acapulco, Guerrero, heredado por su fallecida esposa, Mónica Pretelini. La casa blanca no figuraba en el documento.

Para llegar a su arranque de campaña, Peña Nieto voló de Toluca a Guadalajara en el jet matrícula XA-PRR, de Eolo Plus, la empresa aeronáutica de Grupo Higa. La bitácora de vuelo marcó a los tripulantes con sus iniciales: Angélica Rivera, Enrique, Luis Videgaray, su jefe de campaña, Jorge Corona, su secretario particular, y David López, su jefe de prensa.

La misma nave llevó a Juan Armando Hinojosa Cantú, dueño de Grupo Higa, de Guadalajara al puerto de Acapulco,

Guerrero, la tarde del viernes 30 de marzo. El avión, la tripulación y su único pasajero sólo estuvieron en el puerto 15 minutos: de las 17:05 a las 17:20. Una hora exacta después, estarían de vuelta en la capital de Jalisco para recoger a Paulina y Nicole Peña, las dos hijas mayores de Enrique, a Maritza y Adriana Rivera, hermanas de Angélica, y a Juan Armando Hinojosa hijo. El avión despegó a las 18:45 y aterrizó a las 19:35 en el aeropuerto de Toluca.

El uso de las aeronaves fue uno de los flancos por los que Peña Nieto fue atacado durante la campaña. La página "Peña Vuela", creada de forma anónima, denunciaba el dispendio del candidato. El diario *Reforma* documentó que Peña Nieto tenía toda una flotilla de aeronaves a su servicio y viajaba de forma frecuente a Miami, Florida (donde Rivera tiene un departamento), mientras el candidato de la izquierda, Andrés Manuel López Obrador, tomaba vuelos comerciales y la candidata del entonces partido en el poder, la panista Josefina Vázquez Mota, contrataba vuelos por hora.

Esa información, junto con el surgimiento del movimiento Yosoy132 en la Universidad Iberoamericana, fueron los únicos obstáculos que sorteó Peña Nieto en su camino a la Presidencia.

Las facturas que el PRI pagó por los vuelos de Eolo Plus tenían la dirección de José Vicente Villada 114, tercer piso, en el centro de Toluca, el mismo domicilio de Ingeniería Inmobiliaria del Centro, la empresa que a la par estaba construyendo la casa blanca, en las Lomas de Chapultepec.

La noche del 1º de julio de 2012 llegó. Las casillas cerraron desde las seis de la tarde.

Habían pasado 90 días desde el primer evento de Enrique Peña Nieto, en Guadalajara. Pero esa noche, él y su círculo cercano estaban reunidos en privado en la sede nacional del PRI. El Auditorio Plutarco Elías Calles, en el partido, era un hervidero. Los cientos de militantes estaban sentados al filo de las butacas, movían las piernas nerviosos, ponían sus manos sobre sus bocas como si rezaran. La escena recordaba a un estadio de futbol, ese silencio masivo que precede al tiro penal que definirá un partido.

A las 23:00 horas apareció la figura de Leonardo Valdés Zurita, entonces presidente del Instituto Federal Electoral, en una gran pantalla dispuesta en el escenario. Tenía el cabello y el bigote grises, llevaba un traje negro y una corbata también gris. Comenzó a dar las cifras del conteo rápido con voz monótona, gris: Josefina Vázquez Mota, candidata del PAN, tenía entre 25.10 y 26.03 por ciento de los votos; Enrique Peña Nieto, entre 37.93 y 38.55 por ciento, y Andrés Manuel López Obrador, del PRD, entre 30.9 y… La cifra no se alcanzó a oír. La voz de Valdés Zurita se ahogó bajo la enorme ola de gritos eufóricos.

—¡Peña presidente! ¡Peña presidente!

—¡Sí se pudo! ¡Sí se pudo!

—¡Soy el PRI que viene, soy el PRI que viene!

El anhelado regreso a Los Pinos era un hecho. Concluyó la docena de años trágicos fuera del poder.

En la enorme pantalla se desvaneció la figura del presidente del IFE y apareció el entonces presidente Felipe Calderón. Tenía el rostro duro. Los priistas se burlaron de él, de la catástrofe electoral de su gobierno y de su partido, el PAN.

—¡Quiere llorar, quiere llorar!

La fiesta siguió por unos minutos. Echaron porras, repitieron a gritos el nombre de Enrique, Enrique, Enrique. Banderas del PRI ondeaban entre las butacas. Cuando López Obrador apareció en la pantalla, los priistas le chiflaron, lo descalificaron. El candidato de las izquierdas hablaba desde el Hotel Hilton, en la Alameda de la ciudad de México, y anunció que esperaría el conteo final. Los priistas se carcajearon de él.

—¡Quiere llorar, quiere llorar!

La producción se encargó de preparar el escenario para la entrada triunfal de Peña Nieto. Seis banderas de México, una de cada lado, flanqueaban el atril donde hablaría, y justo detrás de él una séptima bandera le cubría la espalda. Al fondo, impecable, lucía un muro verde con la leyenda "Ganó México". Una voz en *off* anunció:

—¡En este momento ingresa Enriiique Peeeña Nieeetooo…!

El auditorio se desbordó. Los banderines se agitaron, y los *smartphones* y las cámaras lanzaron ráfagas de flash. Peña Nieto subió al escenario tomado de la mano de su esposa, seguidos de los seis hijos de ambos. Apenas unos segundos se mostraron juntos. Enrique habló unos 20 minutos, dijo 1388 palabras.

—Los mexicanos le han dado a nuestro partido una segunda oportunidad: vamos a honrarla con resultados, con una nueva forma de gobernar, de acuerdo a las exigencias del México del siglo XXI.

Los priistas le aplaudieron en cada silencio calculado entre frase y frase, asintieron a sus palabras. Y después, remató:

—Esta noche, ganó México.

Una lluvia de papeles verde, blanco y rojo cayó sobre el escenario. *Cielito lindo*, el himno nacional de la cultura popular mexicana, comenzó a sonar en las bocinas. Los festejos duraron toda la noche en la sede nacional del PRI.

Las siguientes semanas fueron de celebración y tragedia. El 20 de julio Enrique cumplió 46 años. El 28 de julio falleció Juan Armando Hinojosa García. Y el 2 de agosto Angélica alcanzó los 43 años.

Pero otra fecha se sumó a la lista: el 22 de agosto la casa blanca quedaría lista para su ocupación.

Para supervisar la construcción de la casa, el arquitecto Miguel Ángel Aragonés contrató como director responsable de obra (DRO) a Mauricio Clemente Buitrón Monroy, a quien conocía por la edificación previa de otra casa. El DRO es una figura certificada por el Gobierno del Distrito Federal que sirve como intermediario entre las autoridades y los particulares a fin de que vigile que se construya lo que se declaró en los planos registrados.

Buitrón Monroy es un hombre mayor y de habla fácil. Entre marzo y abril de 2014 se le contactó para entrevistarlo. Dar con él fue sencillo: su dirección y teléfono venía en los documentos de construcción entregados a la delegación Miguel Hidalgo, obtenidos a través de solicitudes de transparencia.

El primer contacto con él fue vía telefónica. Después accedió a una reunión *off the record*, en un café del Centro Histórico, y finalmente aceptó dar su testimonio la tarde del martes 29 de abril. La cita ocurrió en el parque de Los Venados. Sentado en una banca, con el ruido de los pájaros y los niños jugando a sus espaldas, Buitrón Monroy contó su versión:

A mí me contrata directamente el arquitecto Aragonés, quien hizo el proyecto, muy padre, muy interesante. Es la casa de La Palma, en Sierra Gorda, ahora se le conoce así, así le llamaron. Yo me enteré por queja de una vecina que era la casa del futuro Ejecutivo federal. "Ah, caray, yo no sabía…" Cuando lo comenté con quien era mi supervisor en ese momento, me dijo: "¡¿Quién te dijo eso?!" Se supone que era, por cuestiones de seguridad, supongo, era todo tranquilo, nadie lo debía saber, pero ya lo sabía mucha gente…

A Buitrón Monroy lo citaban en unas oficinas ubicadas en Poseidón número 10, en la colonia Crédito Constructor, para revisar planos de la obra. Pero a diferencia de otros proyectos, nunca le dieron copias de los planos que firmó. Todo se mantuvo bajo sigilo. O eso se creía.

El 22 de agosto de 2012 Buitrón Monroy acudió a Sierra Gorda 150, en compañía de funcionarios de la delegación Miguel Hidalgo, a fin de realizar la verificación de término de construcción, pero elementos del EMP, que ya cuidaban al presidente electo y su familia, les impidieron el ingreso.

El día que fuimos a la visita de terminación de obra no pudimos accesar porque se nos dijo que personas del EMP no tenían la autorización y entonces entendimos que no debíamos ni podíamos entrar. Entendimos que por cuestiones de seguridad nacional ya no había la posibilidad de accesar, entonces se hizo la revisión por el exterior. Los de la delegación revisaron que los planos concordaran con la fachada que se había puesto y eso fue todo. La única divergencia que había en el proyecto era una casetita de vigilancia.

Aunque la casa era resguardada por el EMP, legalmente no era propiedad de Peña Nieto ni de Rivera. Los registros oficiales confirman que la residencia de Sierra Gorda 150 era de Ingeniería Inmobiliaria del Centro, la empresa creada por Juan Armando Hinojosa Cantú y su hijo apenas un día después de que Enrique confesó en cadena nacional su relación amorosa con Angélica.

La casa blanca, en los hechos, continúa siendo propiedad de la compañía.

Cerca de la casa blanca, a unos dos kilómetros de distancia y también en las Lomas de Chapultepec, otra residencia propiedad de Juan Armando Hinojosa Cantú estuvo al servicio de Enrique Peña Nieto y su equipo.

Ubicada en una esquina, con accesos por dos calles, una fachada alta que apenas permite ver los árboles del interior y cámaras de seguridad en cada puerta, la casa es menos llamativa que la de Sierra Gorda 150. No es nueva ni fue construida por Grupo Higa, su construcción data de la década de los cuarenta. En 2007 fue comprada por Inmobiliaria Bicentenario, otra filial creada por el grupo de Hinojosa Cantú. Y entre finales de 2011 y noviembre de 2012 era habitual para los vecinos ver a Peña Nieto y sus colaboradores cercanos —como Luis Videgaray— llegando al inmueble.

La casa se usó como oficina alterna para que Peña Nieto tuviera reuniones privadas. Ahí, por ejemplo, concedió su primera entrevista como presidente electo a Mario González, periodista y conductor de CNN México. En ese mismo sitio también recibió a Katia D'Artigues, columnista de *El Universal*, así como a los corresponsales del diario español *El País*, entre otros. El área elegida para conversar era una sala de muros beige, con una chimenea y ventanas que daban al jardín.

Peña Nieto le dijo a Katia D'Artigues que vivió ahí durante algún tiempo tras la muerte de su primera esposa, según lo relató la periodista en una entrevista con Aristegui en la Primera Emisión de Noticias MVS el 1° de diciembre de 2014.

Tiempo atrás, dos días antes de tomar protesta como presidente, el 29 de noviembre de 2012, el periódico *Reforma* publicó una foto de Manuel Mondragón y Kalb, actual comisionado contra las adicciones, ingresando en ese domicilio para reunirse con Peña Nieto.

El 21 de noviembre de 2014, días antes de que Aristegui diera a conocer la información en su noticiario radiofónico, el vocero de la Presidencia, Eduardo Sánchez, envió una carta a la periodista confirmando que Peña Nieto sí usó la casa. Sin embargo, aseguró que es rentada por el actual consejero jurídico de Los Pinos, Humberto Castillejos, a Hinojosa Cantú. Aquí reproducimos una parte del comunicado:

El señor Presidente de la República en la época de transición, es decir, durante el periodo en que fue declarado presidente electo y la fecha de su toma de posesión, utilizó una casa que le facilitaba el licenciado Humberto Castillejos Cervantes, con el propósito de sostener reuniones privadas. Cabe señalar que este inmueble fue rentado por el licenciado Castillejos, desde el año 2011 y hasta esta fecha en la que su contrato sigue vigente con una empresa del señor Hinojosa... Por otro lado, es importante precisar que durante la época que fue precandidato y candidato, también acudió ocasionalmente a realizar actividades privadas y algunas entrevistas en ese lugar... Como Presidente de la República, no hizo uso de este domicilio...

La casa nunca fue registrada por el equipo de Peña Nieto como gasto de campaña ni fue inscrita en los gastos de transición presidencial.

Cuando se dio a conocer la información, D'Artigues confesó en entrevista a Aristegui que durante su visita a esa casa vio un dibujo de José Luis Cuevas dedicado a Peña Nieto y recordaba al político recién bañado y arreglado, como si viviera ahí. Incluso, a su salida, se encontró con Luis Videgaray.

—Le pregunté pues, que esa casa ¿de quién era o qué? Lo único que recuerdo —no está grabado— es que me dijo que era una casa que utilizaba… Le convenía porque estaba cerca de la casa de Angélica… Siempre se refirió a la casa de Angélica Rivera. Le pregunté si alguna vez había vivido ahí, y me dijo que durante muy, muy poco tiempo, cuando su esposa (Mónica Pretelini) había fallecido y nada más —narró D'Artigues.

Pretelini falleció en enero de 2007. La otra casa de las Lomas fue comprada en julio de ese mismo año por la empresa de Hinojosa Cantú… Desde entonces, Peña Nieto ya ocupaba casas de Grupo Higa.

La mañana del 1º de diciembre de 2012 decenas de camarógrafos, fotógrafos y reporteros se instalaron sobre el camellón de la avenida Paseo de las Palmas, en Lomas de Chapultepec, justo frente a una residencia de muros color crema y techo con tejas verdes, marcada con el número 1325. En unos minutos, de ahí saldría Enrique Peña Nieto, su familia y su cuerpo de seguridad hacia la Cámara de Diputados para tomar protesta como presidente.

A las 10:48 el portón beige de la residencia se elevó y un convoy de camionetas negras salió apresurado. En poco más de 15 minutos llegaron al Congreso, a 19 kilómetros de distancia.

La escena fue breve. Jesús Murillo Karam, presidente de la Cámara, condujo la ceremonia. Peña Nieto estaba a su derecha. A su izquierda, el presidente saliente, el panista Felipe Calderón aún lucía la banda tricolor cruzada sobre su traje y no tenía expresión en el rostro. A las 11:14 horas Peña Nieto terminó su protesta:

—Y si así no lo hiciere, que la nación me lo demande.

Felipe Calderón se quitó la banda presidencial y depositó un beso sobre ella, antes de entregarla a Murillo Karam. Éste, a su vez, se la entregó a Peña Nieto.

Afuera de la Cámara había protestas. La Policía Federal se enfrentaba con manifestantes. Las protestas se movieron hacia calles del Centro Histórico, la avenida Juárez y la Alameda. Decenas de personas resultaron heridas y otras más fueron detenidas sin culpabilidad.

Al mismo tiempo, Enrique Peña Nieto llegó al Palacio Nacional a dar su primer mensaje. Hizo varios anuncios, entre ellos la construcción del tren de alta velocidad México-Querétaro.

La casa de Paseo de las Palmas 1325 quedó quieta. Esa propiedad, de más de 1400 metros cuadrados, pertenece a

Angélica Rivera. Ahí estuvo viviendo Peña Nieto durante la campaña presidencial, y de ahí salía para tomar carretera hacia el aeropuerto de Toluca, a fin de abordar los aviones y helicópteros de Grupo Higa.

Angélica llegó a vivir con sus hijas a esa mansión en la primavera de 2009. La casa se hizo famosa porque ahí posó con su familia para la portada de junio de ese año de la revista *Quién* que llevó el título "Mamá Gaviota", la cual significó la primera vez que habló públicamente de su relación.

Los documentos del Registro Público del Distrito Federal dan constancia de los movimientos inmobiliarios de Rivera: el 14 de diciembre de 2010, exactamente 17 días después de haberse casado con Peña Nieto, Televisa le transfirió los derechos de la residencia de Palmas.

De forma paralela, ese mismo 14 de diciembre, Grupo Higa compró el segundo terreno para continuar la construcción de la casa blanca en Sierra Gorda, que se realizaba justo atrás.

Dos propiedades en un solo día.

Las casas, al paso del tiempo, quedaron conectadas. No sólo físicamente sino que también compartirán números telefónicos.

En el directorio público de Teléfonos de México, Ingeniería Inmobiliaria del Centro aparece registrada en Sierra Gorda 150 y con tres números telefónicos en ese domicilio. Pero al momento de marcar, en todos los números respondían en Paseo de las Palmas 1325, la casa de Angélica

Rivera y de donde salió Peña Nieto hacia el Congreso para tomar protesta.

Cuando se llamó a esos números telefónicos preguntando por la casa de Sierra Gorda 150, la mujer que respondió —quien se identificó como Ana y aparentemente era una trabajadora del hogar— confirmó que las residencias estaban conectadas.

—Haga de cuenta que está esta casa y atrás está la otra...

—¿Y hay un pasillo para poder pasar al otro predio?

—Sí...

Al revisar los planos de catastro del Distrito Federal, se comprobó que las casas colindan en poco más de un metro, suficiente para que una puerta las conecte. Las casas, en su conjunto, suman 2 857 metros cuadrados.

El EMP confirmó que sí resguardaba la residencia de Sierra Gorda 150, debido a que tiene la obligación legal de garantizar la seguridad del presidente y su familia en sus actividades públicas y privadas, de acuerdo con la respuesta entregada a una solicitud de acceso a la información. Señala la respuesta de información entregada por la Presidencia:

(El Estado Mayor Presidencial) debe planear, coordinar, organizar y ejecutar las medidas necesarias para garantizar, de manera permanente, la seguridad física de los inmuebles donde el Presidente de la República asiste en el desarrollo de sus actividades públicas o privadas, es decir, tiene la obligación, encargo y alta misión de llevar a cabo todas las acciones tendientes a la seguridad y logística de todos los eventos e inmuebles de los que se involucre la figura presidencial.

El documento continúa:

Se debe precisar que si bien el titular del Ejecutivo federal en razón de su mandato constitucional habita uno de los inmuebles ubicados en el predio identificado y conocido como "Rancho La Hormiga" (Los Pinos) y puede atender los asuntos en materia de su competencia, en este último espacio o en Palacio Nacional, también es susceptible de acudir en el desarrollo de sus actividades al domicilio relacionado en la solicitud, inclusive, acompañado de su familia.

Hacia el final, la respuesta no dejaba duda: "Bajo esa premisa, se concluye válidamente el motivo por el cual el Estado Mayor Presidencial resguarda el inmueble ubicado en Sierra Gorda 150".

Sin embargo, en otra solicitud hecha de forma paralela a la Presidencia, el EMP rechazó que resguardara la casa de Paseo de las Palmas 1325.

El 16 de enero de 2013, durante un evento en el Palacio Nacional, Peña Nieto presentó su primera declaración patrimonial como presidente, en la que mantuvo las mismas nueve propiedades que declaró como candidato: cuatro casas, cuatro terrenos y un departamento.

—Reafirmo mi convicción democrática de conducirme con absoluta transparencia... Queremos ser ejemplo ante la ciudadanía. Queremos asegurarnos de que el combate a la corrupción, un cáncer que lamentablemente no sólo afecta y es privativo de los órdenes públicos, también del ámbito privado, pero toca y corresponde al gobierno establecer un ejemplo claro...

La declaración no incluyó el valor ni la ubicación de sus inmuebles. No se difundieron el valor de sus cuentas bancarias, sus inversiones... Nada. Tampoco incluyó los bienes a nombre de Angélica Rivera o de sus hijos. Por orden expresa de Peña Nieto esos datos se clasificaron como confidenciales.

Tiempo después, durante una entrevista con periodistas organizada en 2014 por el Fondo de Cultura Económica, el presidente dirá que la corrupción "es cultural".

En respuesta a una solicitud de información pública hecha a la Presidencia, se comunicó que Angélica Rivera no estaba obligada a presentar su declaración patrimonial, ya que no es funcionaria. Se le buscó a través del DIF, que preside de forma honoraria, y de la Presidencia, pero nunca hubo respuesta sobre el origen de la casa blanca.

En mayo de 2013, cinco meses después de que Peña Nieto asumió la Presidencia, los lectores de la revista *¡Hola!* encontraron en su portada una gran foto de Angélica Rivera, posando en su residencia de Sierra Gorda 150. Era su primera entrevista como "primera dama", y ahí confesó:

—Como le digo a mi marido: "Yo, de política, sé mucho para apoyarte y muy poco para opinar".

La construcción del tren de alta velocidad México-Querétaro comenzó a ponerse en marcha el miércoles 15 de octubre de 2014, casi dos años después de que fue prometida por el presidente Enrique Peña Nieto.

Aquella tarde, la Secretaría de Comunicaciones y Transportes (SCT) anunció que un solo competidor iba por la obra. Se trataba del consorcio integrado por la empresa China Railway Construction Corporation, paraestatal del gobierno chino, y tres empresas mexicanas: GIA+A, propiedad de Hipólito Gerard, cuñado del ex presidente Carlos Salinas de Gortari; Prodemex, de Olegario Vázquez Aldir, hijo de Olegario Vázquez Raña, empresario de hospitales, hoteles y medios de comunicación, y Constructora Teya, de Grupo Higa, presidida por Juan Armando Hinojosa Cantú.

Aunque al inicio del proceso de licitación más de 80 empresas compraron las bases, el día que debían presentarse las ofertas —aquel 15 de octubre— todas declinaron, a excepción de un grupo de firmas que iba con una propuesta única. El consorcio chino-mexicano fue el único que permaneció en la carrera.

Las críticas comenzaron a acumularse en la ruta del tren por la falta de competencia y por la cercanía de los empresarios con el PRI.

En el expediente del tren quedaron manifiestas las críticas de las empresas desertoras. La francesa Alstom pedía una prórroga para elaborar el proyecto. La alemana Siemens advirtió que si no se ampliaba el plazo habría riesgo de desalentar la competencia o que el proyecto fuera deficiente. No se atendieron sus solicitudes.

Durante el proceso, en total 13 empresas habían pedido ampliar los tiempos para presentar una propuesta: la canadiense Bombardier, la italiana Salini Impregilio, la española CAF, la portuguesa Teixeira Duarte, la mexicana ICA... La SCT fue inflexible.

Constructora Teya, de Grupo Higa, nunca se presentó a las juntas de aclaraciones ni a los recorridos. Nada. Y en cambio apareció como parte del único consorcio el día que se registraron las ofertas.

Juan Pardinas, del Instituto Mexicano para la Competitividad, cuestionó: "Preocupa que los argumentos técnicos y de planeación pesen menos que la decisión política del presidente para llevar a cabo la construcción del tren".

El lunes 3 de noviembre la SCT citó en sus oficinas centrales para dar a conocer el fallo. En el salón del evento sonaba música china. No había duda, el consorcio chino-mexicano era el ganador.

El costo de la obra sería superior a los 40 000 millones planeados originalmente, pues costaría 50 820 millones de pesos, unos 3 700 millones de dólares al tipo de cambio de aquel día. "Es una propuesta solvente que cumple requisitos técnicos y económicos. Se realizó estrictamente conforme a la normatividad y legalidad vigentes", aseguró Ruiz Esparza.

Durante los siguientes tres días el secretario se dedicó a defender públicamente el fallo. Todo había sido transparente, todo había sido conforme a la ley, insistiría una y otra vez.

La tarde del jueves 6 de noviembre Ruiz Esparza llegó al Senado a defender la obra ante la Comisión de Comunicaciones y Transportes. Fue una reunión dura. Los panistas Marcela Torres Peimbert, Javier Corral y Javier Lozano lo tundieron a preguntas y le cuestionaron por qué habían viajado él y Peña Nieto a China para invitar directamente a China Railway Construction Corporation. Y él se defendió, alzó la voz, se exasperó y no dio marcha atrás.

—Efectivamente, fuimos con el presidente a la República de China, yo fui específicamente a presentar dos proyectos: el de los trenes y el del transístmico. Y se le invitó al gobierno de la República de China a participar en estas licitaciones, y con toda libertad le digo: no creo haber violado absolutamente ninguna legalidad.

Fueron tres horas de golpeteo. Ruiz Esparza no podía disimular su enojo. El rostro se le enrojecía cada vez que tomaba la palabra para rebatir a los senadores.

—Nadie es mi amigo, nadie es mi amigo… No es un tema de amistades, es un tema de empresas, es un tema de empresas.

El secretario salió convencido de que sería ilegal reponer la licitación. Eran alrededor de las siete de la noche.

Pero en unas horas todo cambió.

Poco antes de la medianoche, a las 23:25 horas, la SCT lanzó un comunicado titulado: "Se deja sin efecto el fallo de la licitación del tren de alta velocidad México-Querétaro". La decisión había sido instruida por el presidente, a fin de repetir el proceso.

"En razón de las dudas e inquietudes que han surgido en la opinión pública, el Presidente de la República, Enrique Peña Nieto, instruyó a la Secretaría de Comunicaciones y Transportes reponer la convocatoria para la construcción del Tren de Alta Velocidad México Querétaro…", se leía en el comunicado.

La determinación puso en crisis al gobierno, pues Peña Nieto y una comitiva, en la que figuraba Ruiz Esparza, iniciarían una gira a China tres días después en la que el objetivo era presumir la construcción del tren, y en cambio, tendrían que dar explicaciones sobre el fallido proyecto.

La madrugada del domingo 9 de noviembre el presidente salió con rumbo al país asiático. Esa misma mañana el portal Aristegui Noticias publicó el reportaje original: "La casa blanca de Enrique Peña Nieto", que documentaba la relación del empresario Juan Armando Hinojosa Cantú y su empresa, Grupo Higa, con la construcción de la lujosa residencia en Lomas de Chapultepec y, al mismo tiempo, con el tren México-Querétaro.

El mismo día de la difusión del reportaje el vocero de la Presidencia, Eduardo Sánchez, publicó una nota informativa confirmando que Rivera había adquirido la casa de Grupo Higa, pero eludió el tema de fondo: la relación político-empresarial entre Hinojosa y Peña Nieto.

El comunicado decía:

En enero de 2012, la señora Angélica Rivera Hurtado celebró un contrato con Ingeniería Inmobiliaria del Centro, S. A. de C. V. por virtud del cual, la primera se obliga a adquirir los inmuebles marcados con los números 150 y 160 de la calle Sierra Gorda, los cuales eran propiedad de esta inmobiliaria desde los años 2009 y 2010. Es importante destacar que dichos inmuebles colindan con la casa que desde varios años atrás ya era propiedad de la señora Angélica Rivera Hurtado y que el objeto de adquirirlos era ampliar el espacio de su casa habitación.

La versión de la Presidencia intentó deslindar a Peña Nieto de la compra, asegurando que el matrimonio estaba unido por bienes separados y la operación sólo era de Rivera.

Durante los días posteriores a la difusión del reportaje Peña Nieto, Rivera y parte de su gabinete estaban en China cargando sobre sus hombros la polémica por el tren y la casa. La opinión pública en México se volcó en su contra. El politólogo Jesús Silva-Herzog Márquez, en su columna del diario *Reforma*, apuntó con la precisión de una flecha:

En cualquier lugar del mundo esto sería un escándalo gigantesco. ¿Qué sucedería en Estados Unidos si se descubriera que la casa de Michelle Obama está a nombre de un contratista que ha sido beneficiado por la obra del gobierno federal? Desde tiempos de José López Portillo no ha habido en México un escándalo de ese tamaño. El mismo presidente de la República involucrado en un serio escándalo de corrupción…

La prensa extranjera se sumó a los señalamientos. *The Wall Street Journal* tituló su nota: "Se ciernen nubes sobre mansión de la primera dama". *The Guardian, The New York Times, The Economist…* Los medios más influyentes a nivel mundial retomaron el tema.

La noche del sábado 15 de noviembre, una semana después de que se publicó el reportaje en Aristegui Noticias, Peña Nieto y su comitiva aterrizaron en el hangar presidencial en la ciudad de México. Habló de su viaje a China y presumió que se abrieron negociaciones para que México exportara tequila, frambuesas y fresas a aquel país.

La ronda de preguntas había terminado, cuando le dieron la palabra a Roberto Zamarripa, subdirector y enviado a la gira por el diario *Reforma*. El periodista le lanzó la pregunta sobre la casa blanca. Peña Nieto asintió con la cabeza y respondió:

—Sobre el asunto de la casa que usted refiere dejaré que en el curso de esta semana la Vocería de la Presidencia de la República amplíe la información que ya dio en el curso de esta semana, en lo que sin duda son aseveraciones imprecisas y carentes de sustento. Pero dejemos que con información y con documentación correspondiente pueda hacerse un esclarecimiento sobre este tema, que lamentablemente cuando salió a la luz pública no estábamos aquí…

Los días pasaron y el 18 de noviembre, en medio de las protestas sociales por la desaparición de los 43 normalistas en Iguala, Guerrero, apareció un presidente iracundo, con los ojos rojos, el rostro endurecido, hablando con voz alta y dando manotazos al aire. Las manifestaciones, dijo, tenían un afán de dañar a su gobierno:

—Pareciera que respondieran a un interés de generar desestabilización, de generar desorden social y, sobre todo, de atentar contra el proyecto de nación que hemos venido impulsando.

Y de inmediato vinculó la publicación del reportaje de la casa blanca con las protestas por los normalistas de Ayotzinapa:

—Siguiente tema que quiero abordar, y del que soy sensible, y no sé si esté vinculado a esto, que pareciera un afán orquestado por desestabilizar, y por oponerse al proyecto de nación. En días recientes, y justamente cuando emprendía la gira de trabajo, surgieron señalamientos sobre una propiedad de mi esposa. Una propiedad en la que han señalado un sinnúmero de versiones y de falsedades, que no tienen sustento…

Angélica Rivera, dijo, saldría a explicar el origen de la residencia en Lomas de Chapultepec. El tema, admitió, apuntaba directamente a la credibilidad del presidente:

—Es un tema que pone en señalamiento al presidente de la República y a su familia… Porque no permitiré que este tema, que este señalamiento, ponga en duda la confianza que la mayoría de los mexicanos me ha confiado.

Las horas pasaron y esa misma noche, a través de su canal de Youtube, Angélica Rivera difundió un video para explicar la compra de la casa blanca. El video no era continuo, tenía cortes que intercalaban tomas abiertas y de *close-up* de su rostro. El tono de su voz era de regaño hacia la cámara. No dejaba de parpadear. Por momentos se exasperaba, agitaba las manos como quien regaña a un niño. Vestía un traje azul, casi morado, que contrastaba con su tono de piel rosa pálido. Su cabello ya no era caoba, ahora llevaba tonos rubios. En las manos sostenía un fajo de hojas blancas.

—Efectivamente, conocí al ingeniero Juan Armando Hinojosa, como he conocido a muchos otros empresarios, profesionistas, artistas y otras personas. Por las actividades inmobiliarias a las que se dedica, le comenté que quería adquirir un terreno y construir una casa. Acordamos que una de sus inmobiliarias adquiriera un terreno y construyera la casa a mi gusto y con el arquitecto de mi elección. Yo me comprometí a que una vez que se terminara la construcción de la casa, celebraríamos un contrato de compraventa.

El 12 de enero de 2012, continuó, se firmó el contrato por la compra de la casa blanca a un precio de 54 millones de pesos, a pagarse en un plazo de ocho años, con un interés del

9 por ciento. Hasta esa fecha, agregó, había pagado 14 millones 434 555 pesos, lo que equivalía a casi un 30 por ciento.

La compra se había hecho a través de un contrato privado, por eso el movimiento nunca se inscribió a su nombre en el Registro Público del Distrito Federal. Además de las casas de Palmas y Sierra Gorda, Rivera dio a conocer que era dueña de un departamento en Miami y otro en La Herradura, Estado de México, que dio a su madre.

Gracias a los 25 años de trabajo en Televisa y su liquidación, dijo, pudo construir su patrimonio.

—He tomado la decisión de vender los derechos derivados del contrato de compraventa porque yo no quiero que esto siga siendo un pretexto para ofender y difamar a mi familia… Hoy estoy aquí para defender mi integridad, la de mis hijos y la de mi esposo… No puedo permitir que este tema ponga en duda mi honorabilidad y sobre todo que se pretenda dañar a mi familia.

El video de Rivera se volvió viral. Las burlas no se hicieron esperar: su imagen fue objeto de memes y videos que circularon por las redes sociales. Una encuesta del periódico *Reforma* manifestó el sentir público: 77 por ciento de los encuestados consideraba que no era convincente su explicación.

El politólogo Jesús Silva-Herzog Márquez cuestionó en su cuenta de Twitter: "Si la adquisición de la casa fue limpia, ¿por qué deshacerse de ella? Si la licitación fue legal, ¿por qué revocarla? Respuestas que acusan".

Aunque Rivera dijo que pondría en venta los derechos de la casa desde ese momento, documentos del EMP dan cuenta que se mantuvo el resguardo de la casa blanca hasta el 16 de enero de 2015, casi dos meses después de su mensaje.

La noche del jueves 11 de diciembre se sumó un nuevo escándalo: *The Wall Street Journal* difundió un reportaje que documentaba que Luis Videgaray, secretario de Hacienda y ex jefe de campaña de Peña Nieto, también había adquirido una casa a Grupo Higa, ubicada en un exclusivo club de golf en Malinalco, Estado de México.

Peña Nieto cerró su segundo año de gobierno con cifras de aprobación a la baja. Los casos de Ayotzinapa, la matanza de 22 personas por parte de militares en Tlatlaya, Estado de México, y la casa blanca habían minado su credibilidad. El *Mexican moment* al que había hecho referencia 24 meses antes y que la prensa extranjera repitió, se desvanecía y era sustituido por "conflicto de interés".

El 30 de enero de 2015 la construcción del tren México-Querétaro se descarriló finalmente.

El gobierno mexicano nunca atribuyó la cancelación del proyecto a la investigación periodística. En cambio, el secretario Luis Videgaray señaló que debido al recorte presupuestal que enfrentó el gobierno por la caída del precio del petróleo y al alza del tipo de cambio del dólar estadounidense, era imposible continuar uno de los proyectos de infraestructura más importantes anunciados por Peña Nieto en su primer mensaje como presidente.

Cuatro días después, el 3 de febrero, Peña Nieto nombró a Virgilio Andrade como titular de la Secretaría de la Función Pública. Su primera encomienda sería investigar la relación de su propio jefe, su esposa y de Luis Videgaray con Grupo Higa.

—He solicitado a la Secretaría de la Función Pública que investigue y resuelva si hubo o no conflicto de interés en las obras públicas o contratos otorgados por dependencias federales a las empresas que celebraron compraventa de inmuebles con mi esposa, con el titular de la Secretaría de Hacienda y con un servidor.

Andrade es un hombre de baja estatura, usa lentes y con unos bucles que caen sobre su frente a manera de copete. No guardó distancia con el presidente, le agradeció el nombramiento y lo abrazó. Días después, Andrade afirmó que su investigación se limitará al periodo de Peña Nieto y Videgaray en el gobierno federal, pues no podía indagar actos cuando estaban en el gobierno del Estado de México.

Aquella tarde del 3 de febrero, antes de dejar el micrófono, Enrique Peña Nieto soltó una frase que lo marcaría para el resto de su gobierno:

—Ya sé que no aplauden…

Y como en muchos años no ocurría, nadie entre el público le aplaudió ni gritó su nombre. Dio unos breves pasos y por unos segundos sólo hubo silencio a su alrededor, como quien camina en soledad por una casa vacía…

CÓMO SE CONSTRUYÓ LA INVESTIGACIÓN

"Ya le dije a Lizárraga que baje eso a güevo", decía un mensaje de texto enviado al teléfono móvil de Daniel Lizárraga, el coordinador de la Unidad de Investigaciones Especiales del noticiario de Carmen Aristegui. Era el 24 de junio de 2014 en la ciudad de México.

Lizárraga sintió que su teléfono saltaba entre sus manos. Leyó varias veces el mensaje. Algo andaba mal. El remitente era Felipe Chao, el vicepresidente de Relaciones Institucionales de MVS.

Chao se equivocó de chat. El mensaje quería enviarlo a su jefe, Joaquín Vargas, presidente del Consejo de Administración de Grupo MVS y del Consejo de Administración de CMR —un consorcio que aglutina a 129 restaurantes en México—.

En Los Pinos y entre los directivos de la empresa ya estaban enterados de que se preparaba un reportaje que podría dinamitar la imagen de Enrique Peña Nieto como el joven presidente autor de los grandes cambios. Durante todo ese día, el ambiente se tornó pesado, como un bulto de cemento sobre la espalda.

Unos meses antes, el 24 de febrero, la revista *Time* tituló así su portada: "Salvando México, cómo las reformas de Enrique Peña Nieto han cambiado la narrativa en su nación manchada por el narco".

Por la mañana Lizárraga y Chao habían sostenido una charla telefónica. Ambos se conocieron desde años atrás, uno en su calidad de reportero del diario *Reforma* y el otro como vocero del entonces Instituto Federal de Acceso a la Información y Protección de Datos.

Chao le pidió a Lizárraga que detuviera ese reportaje porque sería muy costoso para la empresa. No explicó de qué se trataba, pero lo citó, esa misma tarde, en el Beefbar del Hotel Camino Real, en la zona de Polanco.

Lizárraga buscó a Aristegui para contarle de la llamada y de la cita, pero cuando entró a su oficina dijo apenas unas palabras. Ella atajó de inmediato: "Ya me enteré, me acaban de llamar para que me reúna con ellos".

Aristegui se refería a los hermanos Alejandro Vargas, director de MVS Radio, y Joaquín Vargas, el patriarca de la familia.

Aristegui clavó la mirada en el rostro de Lizárraga. Ella, sentada detrás de su escritorio de madera oscura lleno de papeles desordenados, pidió una explicación sobre cómo estaban enterados de la investigación.

El mensaje equivocado de Felipe Chao fue como un mazazo en la cabeza, pero la sacudida en realidad inició desde un día antes, el 23 de junio de ese mismo año 2014, cuando Rafael Cabrera, uno de los reporteros de la Unidad de Investigaciones Especiales, llamó a Luis Torres Tello, agente de prensa del DIF nacional, para solicitarle una postura de Angélica Rivera sobre el reportaje que más tarde sería bautizado como "La casa blanca de Enrique Peña Nieto".

Rivera es presidenta del Consejo Ciudadano del Sistema Nacional para el Desarrollo Integral de la Familia (DIF), un cargo honorario y sin sueldo, como ha sucedido con el resto de las esposas de los mandatarios.

Cabrera había buscado al vocero del DIF desde mayo de 2014, cuando aún no trabajaba para el noticiario conducido por Aristegui. En aquel entonces desarrollaba la investigación por cuenta propia.

La tarde del 23 de junio, ya incorporado a Noticias MVS, habló de nuevo con Tello para explicarle que la historia sería difundida por el noticiario de Aristegui. La plática fue grabada. Nunca antes había sido dada a conocer.

—Hola, ya te había buscado hace unas semanas cuando estaba en Animal Político —dijo Rafael Cabrera—, ahora estoy en Noticias MVS en la Primera Emisión y te llamo para solicitar una entrevista sobre el tema que ya te había pedido… Estamos haciendo una investigación sobre la casa de Sierra Gorda 150, en las Lomas de Chapultepec, que entendemos es propiedad de la familia presidencial y queremos tener su versión para el reportaje.

—Tú recordarás que te dije que con mucho gusto pasaba este dato, esta información, con la gente de Presidencia, porque ya es un asunto personal, no oficial, y que ahí lo tendrían que ver ellos directamente —respondió Luis Torres Tello—. Yo lo reporté inmediatamente, platiqué ahí en la oficina de Presidencia para comentarles que estabas buscando esta información; que inclusive nos hacías el favor de conceder, en ese momento para Animal Político, el espacio para la versión oficial que diera la oficina de Comunicación Social de la Presidencia y que tú estabas a la espera. Me dijeron que iban a entrar en contacto directamente contigo, incluso di tus datos. Yo pensé, si ahora mismo no me hubieras llamado, que ya te habían contactado. Pero por este lado, no tengo forma de buscar una entrevista sobre este tema porque no le corresponde al organismo. Sin embargo, si me lo permites, como parte de un asunto estrictamente privado, de un asunto correspondiente a la oficina del presidente de la República, yo lo vuelvo a comentar... ¿No te contactaron?

—No, nunca. Yo entré incluso en una pausa con el cambio de trabajo.

—¿Me dices que ahora estás en MVS?

—Sí, en la Primera Emisión.

—¿Tienes los mismos números?

—El mismo celular del que te marqué aquella vez. Ahora te mando un mensaje por ahí mismo, por WhatsApp, te lo estoy enviando.

—Perfecto, yo lo registro. ¿Por qué no me das de aquí a las seis de la tarde para que yo pueda comunicarme con ellos y saber qué me dijeron?

—¿Con quién hablas allá?

—Con el licenciado Roberto Calleja.

—Sí, yo también lo pensaba buscar, pero quería tocar las dos puertas, tanto con la primera dama como con la Presidencia. Pero si me haces el favor de recordarle está bien, de todos modos yo le voy a llamar en un rato.

—Yo comento con Roberto Calleja este asunto y espero tu mensaje para que pueda tener tus datos y tu número de oficina.

—De acuerdo, hasta luego.

—Hasta luego.

Roberto Calleja ha sido director de la Coordinación de Comunicación Social de la Presidencia y trabajó cerca de Peña Nieto desde que fue precandidato. Durante 11 años fue vocero del Instituto Mexicano del Seguro Social, en donde tenía un área especial para atender a los reporteros y directivos de medios de comunicación que requerían de favores.

El reportero llamó a la oficina de Calleja en Los Pinos. Al otro lado de la línea, una secretaria le pidió enviar un correo con los detalles para la entrevista.

Cabrera y Lizárraga, sentados en la redacción general, decidieron esperar al día siguiente para comentar los términos de la petición con Aristegui. Pasaron unos segundos y

Sheila Amador, directora de Información de Noticias MVS, salió corriendo de su oficina para buscarlos.

—¡¿Qué están haciendo?! —casi les gritó con los ojos abiertos como platos y con su característica melena de rizos alborotada.

—Pues en varios reportajes, ¿qué pasa? —respondió Lizárraga.

—Me acaba de llamar Felipe Chao para preguntarme si con el equipo de Carmen trabaja alguien llamado Rafael Cabrera —sentenció.

Lizárraga y Cabrera se miraron. Había una sola manera de haberse enterado: Los Pinos. Pedir la versión de una de las partes involucradas en un reportaje —una práctica básica y ética en el periodismo— se convirtió entonces en un obstáculo que a la larga complicaría el camino de los periodistas.

En el teléfono móvil de Cabrera —un joven alto, delgado y de cabeza rasurada— quedaron registrados los siguientes mensajes de WhatsApp intercambiados con Luis Torres:

RC: Hola. (23/06/14 13:37:18)

LTT: Perfecto Rafael, muchas gracias. Quedo pendiente. (23/06/14 13:40:23)

RC: Ahorita te paso mis nuevos datos. (23/06/14 13:40:46)

LTT: Por favor. ¿El mail de Animal Político lo doy de baja? (23/06/14 13:41:40)

RC: Sí (23/06/14 13:43:02)

LTT: Ok. Gracias! (23/06/14 13:43:34)

RC: rcabrera.news@mvs.com (23/06/14 13:44:14)

RC: Of: 52632100 ext 1231 (23/06/14 13:44:30)

RC: Gracias (23/06/14 13:44:32)

LTT: Al contrario, seguimos en contacto. (23/06/14 13:46:20)

RC: Ya hablé allá. Si quieres para que ya no te molestes. Gracias. (23/06/14 15:19:49)

LTT: No te preocupes, yo también ya marqué y me comentaron que lo checaban allá. De cualquier manera yo sigo a la orden. (23/06/14 15:25:01)

Al día siguiente, en el bar Beefbar del Hotel Camino Real, Felipe Chao llegó agitado y con las mejillas enrojecidas. Pidió un whisky y dijo a Lizárraga que debía detener ese reportaje.

—No tengo mucha información, sólo puedo decirte que alguien de la Presidencia habló y las cosas no están fáciles. Tampoco sé qué cosa están investigando, lo único que vengo a pedirte es que, sea lo que sea, lo bajes.

Dio un trago a su whisky y siguió:

—En este momento pégale al que sea, Lizárraga, al que sea, menos a ése. Hay muchas cosas en juego.

—¿Quién les habló? ¿Qué les dijeron? —preguntó el reportero.

—No sé quién habló. Tampoco sé qué fue lo que dijo. Te llamé para pedirte que bajes eso. Como te dije, hay muchas cosas en juego —insistió el directivo.

—¿Hablas de la banda 2.5 para el negocio del internet? —preguntó Lizárraga.

—Eso y otras cosas.

—¿Como cuáles?

—Hay algo con un canal de televisión. No te puedo comentar más. Estoy aquí para pedirte que lo bajes, que hables con tu jefa, que la hagas entender. Y tú, por favor, no vayas a irte. Ya te conozco.

Y dijo algo más:

—Te mandé un mensaje equivocado, por favor, no seas cabrón, bórralo.

A Lizárraga le pasó como un tren de alta velocidad por la cabeza el recuerdo de un acto de censura en el periódico *El Universal*, cuando se detuvo un reportaje en *La Revista* referente a un fideicomiso privado del ex presidente Vicente Fox en el cual su antecesor, Ernesto Zedillo, depositó 25 millones de pesos sin autorización del Congreso para gastos personales durante el periodo de transición presidencial. La historia de la censura sepultó aquel reportaje y la historia parecía repetirse otra vez.

—Tiene que existir una salida, pero no puedo parar ese reportaje. Además, Carmen ya está enterada —le dijo el reportero a Chao mientras borraba el mensaje de su celular.

—Hagamos una cosa —dijo Chao—. Yo le digo a mi jefe que no puedes frenar este tema y que Carmen ya está enterada.

—Y yo le digo a Carmen lo que me pediste —acotó Lizárraga.

—Espera —dijo Chao, mientras tomaba con fuerza el antebrazo del reportero—, dime de qué se trata ese trabajo

—Chao tenía los anteojos deslizados a la mitad de la nariz y la mandíbula apretada, ese gesto de dureza que lo caracteriza.

—Se trata de un tema relacionado con una residencia. Angélica Rivera apareció en una revista revelando que ahí vivirán cuando dejen Los Pinos —le explicó Lizárraga.

—¡Ahh, qué pendejos! —dijo con enfado antes de levantarse de la mesa del bar.

Un sábado de mayo de 2013 Rafael Cabrera esperaba al final de una larga fila en un supermercado, al sur de la ciudad de México, en San Jerónimo, cuando a la distancia observó la nueva edición de *¡Hola!* colocada en uno de los revisteros instalados antes de llegar a las cajas registradoras.

En la portada posaba Angélica Rivera. Era su primera entrevista como primera dama. Antes había aparecido en otras revistas como *Quién* y *Caras*, como la novia de Enrique Peña Nieto, en la víspera de la boda celebrada el 27 de noviembre de 2010. Pero en esta ocasión Rivera ya vivía en Los Pinos y era presidenta honoraria del DIF.

Las entrevistas que concedió antes fueron hechas en su casa de Paseo de las Palmas 1325, en Lomas de Chapultepec. "Mamá Gaviota", fue uno de esos antiguos titulares, cuando ella y Peña Nieto eran la pareja que causaba sensación entre las revistas del corazón. Pero esta vez había algo diferente y no sólo era la estilizada imagen de la antigua actriz de telenovelas. El escenario para las fotografías era distinto: una residencia nunca antes vista.

A Cabrera siempre le gustó revisar las revistas del corazón. No era descabellado encontrar dentro de su mochila algún ejemplar de *Quién* o de la misma *¡Hola!* junto con libros de Elena Garro, su autora predilecta. Sobre ella hizo su tesis para graduarse como comunicólogo y ha conseguido hasta textos inéditos.

Pero sobre las revistas del corazón lo ha alentado el morbo por ver exhibirse a los políticos con sus autos nuevos, en las grandes fiestas y también con propiedades.

Siempre tuvo rondando en su cabeza, como una abeja alrededor de la miel, aquella entrevista de Marta Sahagún en la que mostraron un rancho ampliado y renovado propiedad del ex presidente Vicente Fox, que había publicado el reportero Alberto Tavira cuando era el editor de política de la revista *Quién*.

Cabrera echó al carrito del supermercado la revista. Como siempre, la guardó en su mochila y la leyó hasta el lunes cuando llegó a su escritorio en la revista emeequis, donde entonces trabajaba.

"Está raro esto", pensó cuando llegó al siguiente párrafo: "En nuestra casa llevamos una vida lo más normal posible. Les he hecho saber que Los Pinos nos será prestado sólo por seis años y que su verdadera casa es esta donde hemos hecho este reportaje…"

"Su verdadera casa", repitió para sí Cabrera. Masticó la frase y repasó, lentamente, las fotografías. La casa se veía espectacular. Definitivamente no era la misma de otras entrevistas.

—Creo que a *la Gaviota* ya le pasó lo mismo que a Marta Sahagún —le dijo riéndose a su compañera de la revista Zorayda Gallegos, quien le pidió prestado su ejemplar de *¡Hola!* para husmear la entrevista.

El 15 de agosto de ese mismo año Cabrera se mudó al portal Animal Político, que dirige el periodista Daniel Moreno. Habían pasado ya más de tres meses de la última entrevista de Angélica Rivera en *¡Hola!*

De vez en cuando se asomaba al tema, revisaba las declaraciones patrimoniales de Enrique Peña Nieto y no hallaba una explicación lógica. Por esos meses la revista *Quién* retomó el tema de su competencia, *¡Hola!*, y difundió que la residencia se encontraba en las Lomas de Chapultepec, que el arquitecto respondía al nombre de Miguel Ángel Aragonés y que tenía un sistema inteligente de luces.

Cabrera olisqueó los datos sueltos. En noviembre, días antes de que Peña Nieto recuperara Los Pinos para el priismo, el portal ADN Político publica de nuevo el tema, sin más detalles.

Como alguna vez hizo textos para *Quién* y conocía a los editores, Cabrera indagó que la información provino de gente cercana a un reportero de esa revista de Grupo Expansión. Según le contaron, era habitual ver en la casa a agentes del EMP y así obtuvo, por primera vez, un dato crucial en la historia: la dirección de la residencia era Sierra Gorda 150.

El 24 de octubre de 2013 Cabrera fue al Registro Público de la Propiedad del Distrito Federal y de su billetera pagó por obtener referencias sobre los dueños de la casa. El resultado llegó dos semanas después, con el nombre de una empresa: Ingeniería Inmobiliaria del Centro, S. A. de C. V.

Ésta era la ocasión perfecta para que usara una técnica aprendida en un curso que tomó en el Taller Arteluz —un centro para capacitación de periodistas fundado por la reportera Blanca Juárez— sobre cómo documentar el vínculo entre empresas, propiedades y políticos. Se trata de hacer cuantos cruces de datos sean posibles. Ir, como en este caso, de una dirección a una empresa. Luego de esa empresa a los nombres. Y de esos nombres... llegar al presidente Peña Nieto.

"Ingeniería Inmobiliaria del Centro... Ingeniería Inmobiliaria del Centro", escribió Cabrera varias veces en los buscadores de internet. No encontró una sola pista.

Dejó pasar una o dos semanas. Había que buscar atajos y entonces presentó solicitudes de acceso a la información ante la delegación Miguel Hidalgo, donde se localiza la casa, para obtener la manifestación de construcción, el alineamiento de número oficial y la fusión de predios.

Con su experiencia como reportero cubriendo la ciudad de México para el diario *Reforma* supo que en esos documentos habría más nombres y empresas.

Pero Cabrera no esperó a que llegaran los archivos. Una de las noches después de haber acabado su jornada, escribió en Google: "Arturo Reyes Gómez". Era el nombre del representante legal de Ingeniería Inmobiliaria del Centro.

Esta vez hubo suerte. Arturo Reyes Gómez también apareció como representante legal de Eolo Plus en una serie de contratos con el gobierno de Veracruz. La misma empresa fue la encargada de rentar aeronaves a Peña Nieto durante la campaña de 2012.

El tema fue explotado por los partidos opositores. "Peña Vuela", fue el nombre de una web destinada a golpearlo. La página ya no existe, pero su rastro aún puede encontrarse en las redes sociales.

"Aquí está la nota", pensó Cabrera, azorado por el hallazgo.

Cuando un reportero da con algo escondido debajo de la alfombra de los poderosos puede caminar de un lado a otro dentro de una habitación sin detenerse. La cabeza se vuelve un lío. El tema lo carcomía por dentro como una termita. Agitado, marcó por teléfono a su novio que estaba en el extranjero. Él no es periodista pero eso no importaba, Cabrera sólo quería vomitar el hallazgo.

Dice el legendario periodista argentino Daniel Santoro que cuando un reportero encuentra "la cola de la rata" hay que jalarla, lentamente, hasta llegar al final. Y eso fue lo que hizo Cabrera.

Días más tarde dirigió sus dardos hacia el entonces Instituto Federal Electoral (IFE). A punta de solicitudes de acceso a la información obligó al PRI a entregarle los contratos firmados con Eolo Plus. Y, navegando por internet con esa misma razón social, llegó a la página de Grupo Higa, la matriz de un enramado de subsidiarias de las cuales, en ese momento, él aún no tenía mucha idea.

Cabrera sabía que le faltaban pruebas. La hebra que unía a Peña Nieto con la empresa de los aviones no era suficiente para explicar la construcción de la casa en las Lomas de Chapultepec. Él quería más; una fecha, un apellido. Quería todo.

En ese vértigo, intentó buscar a los dueños de Ingeniería Inmobiliaria del Centro en el Registro Público de la Propiedad del Distrito Federal y se quedó con las manos vacías. No había registro de la empresa en la capital del país. Sólo cuando revisó de nuevo los datos que ya tenía sobre esa misma firma se percató de que sus oficinas estaban en el Estado de México.

"Creo que ya gasté mi dinero a lo tonto", pensó.

Y entonces planeó ir a Toluca.

A inicios de 2014 el extinto IFE entregó a Cabrera los contratos del PRI y su lista de proveedores. Era un archivo en formato PDF de 999 páginas guardado en un CD, que también incluyó las bitácoras de vuelo y los nombres de quienes viajaban con Peña Nieto en la campaña. Rafael no supo si reír o llorar cuando se percató del volumen de la información.

Sentía que estaba cerca de algo, pero aún no lo podía palpar.

Cabrera seguía pagando de su bolsillo la investigación, aunque esta vez decidió hablarlo ya con su editora en Animal Político, Dulce Ramos, y con el subdirector, Omar Sánchez de Tagle. El asunto le vibraba por dentro.

Le llamó una noche entre semana. Cabrera confesó lo que sabía de un tirón como quien revela un largo sueño. Ella, en verdad un poco adormilada, le pidió que avanzara más, que seguramente sería algo que llevaría más tiempo.

Cabrera amasaba documentos, nombres, empresas, pero a ratos se sentía extraviado. Al igual que otros reporteros, sabía que esa investigación la tendría que emprender como lobo solitario.

Pero a lo largo de los meses la labor se convertiría en un arduo trabajo de equipo que de otra manera hubiera sido imposible llevar a cabo.

Durante el otoño de 2013 se realizó la copa mundial del periodismo en Río de Janeiro, Brasil.

Por vez primera se dieron al mismo tiempo tres reuniones de la mayor importancia: la Conferencia Latinoamericana de Periodismo de Investigación, la Conferencia Mundial de Periodismo de Investigación (Global Investigative Journalism Conference) y el Congreso Internacional de Abraji —la prestigiada organización de reporteros brasileños—.

En una explanada de la Pontificia Universidad Católica de Río de Janeiro, lugar de las reuniones, se encontraron representantes de la organización mexicana Periodistas de a Pie, Marcela Turati, Daniela Pastrana y Mago Torres, con Carlos Eduardo Huertas y Luis Botello, dos de los directivos de la organización Connectas, una plataforma para apoyar el periodismo de investigación en América Latina.

Meses atrás intercambiaron mensajes con la intención de trabajar juntos. La ocasión era la propicia. Cientos de reporteros escuchaban historias acerca de cómo se hicieron investigaciones sobre corrupción, lavado de dinero, narcotráfico y violencia.

Fue ahí cuando concretaron la idea de llevar a México un taller de capacitación. Durante la última semana de enero de 2014 lanzaron la convocatoria y Rafael Cabrera se inscribió.

Su propuesta giraba en torno a una casa usada por el presidente Peña Nieto y su esposa, Angélica Rivera. Su hipótesis principal, en ese entonces, era que la residencia no fue reportada en su declaración patrimonial. Y, posiblemente, era propiedad de un grupo de empresas hermanas que habían sido contratistas en la campaña presidencial de 2012.

Un lunes, mientras caminaba por la colonia Del Valle para recoger unos documentos públicos, recibió un correo en su teléfono móvil. Los organizadores del taller le notificaron que no había cupo para él y lo dejaban en lista de espera.

"No estaba claro qué pretendía conseguir", meditó el colombiano Carlos Eduardo Huertas cuando evaluó la propuesta. Rafael Cabrera ponía énfasis en que la casa no estaba incluida en la declaración patrimonial del presidente y en el hecho de que su guardia personal rondara por ahí, pero las preguntas eran otras: ¿Y qué si es Peña Nieto? ¿Qué papel juega la empresa de los helicópteros? ¿Es algo ilegal?

"La posibilidad real de que el presidente de México tuviera una casa a nombre de un contratista de su campaña parece inverosímil", pensó Luis Botello, director *senior* del International Center For Journalists.

Cabrera no supo por qué su propuesta quedó fuera. Desde hacía tiempo tenía ímpetu de hacer investigaciones, pero quizá había errado en el tema.

"¿Qué habré hecho mal?", se cuestionaba mientras seguía ocupado con su agenda diaria para el portal Animal Político.

Lejos de la ciudad de México, en Bogotá, Carlos Eduardo Huertas fue notificado que una de las reporteras elegidas no podría asistir al taller por razones personales.

—Bueno, ¿a quién le cambiarías la vida? —bromeó Carlos Eduardo Huertas con su equipo de trabajo cuando se disponían a revisar la lista de espera.

Al día siguiente Cabrera recibió un nuevo mensaje: había un lugar para él.

El 6 de febrero por la mañana Cabrera tomó su mochila y viajó a Toluca, la capital del Estado de México, para investigar quiénes eran los dueños de Ingeniería Inmobiliaria del Centro. Tomó un autobús que lo dejó en una avenida que lleva dos nombres: Alfredo del Mazo y Atlacomulco-Toluca. "Ahora sí estoy en la plenitud del pinche poder", escribió Cabrera, junto a una imagen del crucero, en su cuenta de Twitter. La frase se hizo famosa años antes cuando la lanzó el ex gobernador de Veracruz, Fidel Herrera. Caminó unas cuadras y llegó a la dependencia pública.

—La empresa sí está aquí —le dijo una empleada del Instituto de la Función Registral, cuya oficina se encuentra frente a la sede del PRI mexiquense.

Llenó unos formularios y pagó menos de 50 pesos por el trámite. A medio día ya había terminado y decidió acudir al domicilio de la empresa, en el centro de Toluca. La Plaza de los Mártires de Toluca estaba resguardada con vallas, pues unos días después ahí se reunirían el presidente de Estados Unidos, Barack Obama, y Peña Nieto. Enfrente se ubica la catedral de la ciudad, donde se casaron Peña Nieto y Rivera.

La calle de José Vicente Villada está a unas cuadras detrás de la catedral. El número 114 es un edificio de oficinas como cualquier otro. Nadie le impidió la entrada. En el *lobby* había una pizarra con el directorio del edificio. No aparecía el nombre de Ingeniería Inmobiliaria del Centro, pero en su lugar estaba Constructora Teya, una empresa desconocida en la mayor parte del país y que tiempo después, figuró como una de las ganadoras para construir el primer tren de alta velocidad en México. La compañía también pertenecía a Grupo Higa.

Su socio fue el gobierno chino a través de la gigantesca China Railway Construction. Juntos derrotaron a otras firmas de renombre internacional como Alstom o Bombardier.

Cabrera caminó unos metros más hasta el número 125 de la misma calle, para conocer otras de las oficinas principales de Grupo Higa. La dirección la obtuvo de la página web del consorcio.

Dos días después, el sábado 8 de febrero, se tatuó una alcachofa sobre el brazo derecho. Cuando llegó al taller de Connectas en la Universidad Iberoamericana, con Carlos Eduardo Huertas y el periodista argentino Daniel Santoro, continuamente se ponía pomada para disminuir el dolor. Los maestros, extrañados, sólo miraban al espigado reportero.

Algunos de sus compañeros eran Irving Huerta, quien formaba parte del equipo de la Primera Emisión de Noticias MVS; Majo Siscar, quien colaboraba con Radio Fórmula, y Mayela Sánchez, del sitio de noticias Sin Embargo. Dos integrantes de Periodistas de a Pie, Daniela Pastrana y Mago Torres, estuvieron a cargo de la organización.

—No hay pruebas de que la casa fuera de Peña Nieto —cuestionó Irving Huerta.

Cabrera respondió que aún estaba por enterarse quién era el dueño de Ingeniería Inmobiliaria del Centro, pues los documentos que tramitó en Toluca aún no le eran entregados.

Irving y Rafael se enfrascaron en una discusión. "Tampoco entiendo por qué debía inscribirla en su declaración patrimonial", insistía el reportero de Noticias MVS. Cabrera atajaba aludiendo que faltaba un documento clave por obtener en los próximos días.

"Irving me desespera", pensó Cabrera al salir del taller. Al paso de los meses, ambos terminaron trabajando en el mismo equipo y para la misma investigación, sentados uno al lado del otro durante meses.

—Hasta que llegó con nosotros a MVS entendí que eso era más grande de lo que pensé —dijo Irving Huerta. Las discusiones entre ellos nunca han terminado, pero eso no ha impedido la amistad.

Algunos vecinos le habían dicho a Cabrera que por Sierra Gorda 150, en Lomas de Chapultepec, habían visto al EMP, pero él no encontraba cómo probarlo. "Si tu madre te dice que te ama, verifícalo", sentencia el mismo Santoro en su libro *Técnicas de investigación. Métodos desarrollados en diarios y revistas de América Latina*, una biblia para cualquier reportero de la región.

El curso terminó el sábado 15 de febrero. Cabrera, aún inquieto por lo que no podía comprobar, se inscribió a un segundo taller sobre Metodología de investigación periodística con Lizárraga en el taller Arteluz, en la ciudad de México.

Cabrera llegó con una gruesa carpeta verde, una vieja chamarra de cuero negra y se sentó en las primeras filas. Todo lo que escuchaba trataba de ajustarlo a su investigación. Buscaba la llave que abriera la puerta de la casa blanca.

El último día del taller, un domingo, habló en privado con Lizárraga. De su mochila sacó la revista *¡Hola!*, los registros sobre los dueños de Ingeniería Inmobiliaria del Centro —la dueña legal de la casa— y los contratos con Eolo Plus.

Entonces Cabrera trazó su propio mapa: había que documentar la relación entre registros públicos, nombres y empresas aparentemente inconexas, y luego debería comprobar que Peña Nieto, por lo menos, usaba la casa.

En los últimos días de febrero Cabrera regresó a Toluca por los documentos que dejó en trámite antes del taller de Connectas, y supo entonces que Juan Armando Hinojosa Cantú y su hijo eran los dueños de Ingeniería Inmobiliaria del Centro y, por lo tanto, eran propietarios de la residencia donde posó Angélica Rivera para *¡Hola!* Se trataba también del mismo personaje que era dueño de Eolo Plus, la firma que rentó helicópteros para la campaña electoral de Peña Nieto.

Pero había que hilvanar, tejer fino, encontrar las pruebas que unen dos puntos de una misma historia.

Cabrera regresó sobre sus propios pasos: leyó con detenimiento los documentos que tenía en su archivo y dio con un nombre al que no había puesto atención: Miguel Ángel Aragonés, un arquitecto de renombre encargado de construir la residencia de Sierra Gorda 150. Ese mismo nombre ya lo había visto en las notas publicadas por la revista *Quién*.

En internet encontró que ese arquitecto tiene su propia página web en la cual muestra sus obras. Una especie de pasarela dedicada al concreto. A una de sus obras la tituló: "Casa La Palma".

Cabrera se percató de que era la misma en la que había posado Rivera. Lo supo de inmediato por una foto en la que apareció una mesa de centro de madera.

El novio de Cabrera es botánico y le había enseñado que el dibujo de la madera es como una huella digital. También su padre, quien tuvo un negocio de madera, le había inculcado que ese trazado es irrepetible. Así que hizo tantos acercamientos como pudo a través de la computadora para comparar una de las fotos de la revista *¡Hola!* con otras sacadas de la página de Aragonés. Había un pequeño mueble junto a Rivera. Era la misma veta. Hizo un par de capturas y las mandó por correo electrónico a su pareja. Él se lo confirmó.

Durante la primera semana de marzo llevó esa parte de su investigación a la redacción del portal Animal Político. Nadie pudo poner en duda que se trataba de la misma casa, pero Cabrera sabía que eso no era suficiente, había que documentarlo hasta el extremo.

Siguiendo el rastro de Aragonés en internet, Cabrera llegó a una página especializada en arquitectura llamada Arch-Daily. Ahí observó lujosas casas, fotografías sobre sus formas artísticas. En ese sitio localizó imágenes de la casa de La Palma firmadas por un inglés, Joe Fletcher.

Cabrera le escribió de inmediato, dijo ser un admirador del trabajo de Aragonés y en especial de esa casa hecha para el presidente Peña Nieto. El fotógrafo le dijo que ese trabajo lo hizo cuando la casa estaba desocupada y que no sabía quiénes eran los dueños.

Cabrera regresó a sus archivos. El siguiente nombre por revisar fue el de Mauricio Clemente Buitrón Monroy. Éste lo obtuvo de los documentos entregados vía solicitudes de acceso a la información por la delegación Miguel Hidalgo, donde se ubica Lomas de Chapultepec. Ahí estaba su nombre completo, su dirección y el teléfono. Buitrón Monroy era el director responsable de obra, una figura creada por las autoridades locales para supervisar las construcciones. Durante semanas, Cabrera lo llamó por teléfono y nunca le respondía. Hasta que uno de esos días, alrededor ya de la medianoche, lo encontró. El arquitecto le dijo sin titubear que sí era la casa del presidente.

Pero Cabrera no grabó la conversación. Como reportero, sabía que escribir eso sin un respaldo era riesgoso y poco riguroso aunque los datos le quemaran las manos. En cualquier momento el arquitecto podía decir que esa conversación jamás existió.

Había que acorralarlo. Cabrera lo volvió a buscar pero tardó varias semanas más, primero en encontrarlo y luego en convencerlo.

Fueron tantas las llamadas que Buitrón aceptó un encuentro, no una entrevista. Se vieron a medio día en el Café Tacuba, en el centro de la ciudad de México.

Cabrera le mostró las fotos y él confirmó que estaban hablando de la misma casa, pero no quería que grabara su voz. Le daba miedo.

A él lo había contratado el famoso arquitecto Aragonés para varias obras y no quería meterse en problemas.

Cabrera, quien se había capacitado para sortear ese tipo de problemas, ubicó, en ese momento, a ese arquitecto como una garganta profunda, un informante que lo mismo puede dar un testimonio anónimo como también señalar hacia dónde están los documentos, las pruebas, colocar al periodista en el punto exacto de una montaña donde pueda hallar una veta de oro.

Por medio de una solicitud de acceso a la información, Cabrera obtuvo un documento oficial, expedido por la delegación Miguel Hidalgo, en el cual constaba que Buitrón había participado en la casa de Sierra Gorda 150.

El reportero fue entonces a la editorial Expansión para comprar el número atrasado de la revista *Quién* en el cual se había publicado la primera nota sobre la casa. No había nueva información, pero creía que era necesario tenerla. Halló la nota escondida entre páginas. El texto no tenía la dirección. Tampoco iba firmada. Era momento de buscar a Aragonés, quien había trazado la casa, pero éste se negó rotundamente a tocar el tema.

Cabrera regresó con Buitrón Monroy, quería una entrevista con él. Llamadas y correos en todo momento, no le daba descanso. Hasta que una tarde lo hartó y lo citó afuera de las oficinas de la delegación Benito Juárez.

Ambos buscaron una banca en el parque de Los Venados y platicaron por 20 minutos. En el audio usado en el reportaje de "La casa blanca de Enrique Peña Nieto" se escucha el trinar de pájaros, mientras el arquitecto cuenta cómo se enteró de que la residencia de Sierra Gorda era del presidente de México.

"Ya lo tengo", pensó Cabrera mientras caminaba aprisa rumbo a la redacción de Animal Político.

Sin embargo, no sabía que estaba a la mitad de la historia.

Entre febrero y marzo de 2014 Daniel Lizárraga elaboró una lista con los nombres de quienes podrían formar parte de la Unidad de Investigaciones Especiales que estaba creando para el programa de Carmen Aristegui. En ese momento sólo había dos seguros: Irving Huerta y él.

Durante dos años, ambos trabajaron algunos reportajes en forma paralela a sus tareas cotidianas para la Primera Emisión de Noticias MVS. Huerta como parte de la redacción nocturna y Lizárraga como coordinador general de información.

Como cada año, Aristegui había pensado en cómo mejorar los contenidos de su noticiario. Ella ya se había percatado de que las investigaciones desarrolladas en su espacio habían marcado la diferencia en el cuadrante y por eso encargó a Lizárraga elaborar un proyecto para presentarlo a Alejandro Vargas, director de la estación.

No había referencias. De concretarse la idea, sería la primera unidad de investigación periodística en radio al menos en América Latina.

Lizárraga estudió los modelos usados en diarios exitosos y trazó un organigrama basado en cuatro reporteros, apoyados por una pequeña redacción de estudiantes de servicio social y con la posibilidad de sumar a periodistas de la redacción general de Noticias MVS, así como a reporteros *freelance*.

En esa unidad también incluyó la posibilidad de tejer alianzas con otros medios de comunicación nacionales y quizá extranjeros, además de trabajar con organizaciones no gubernamentales, como ya lo habían hecho con el National Security Archive de Estados Unidos, dedicado a desclasificar archivos en todo el mundo.

El proyecto sobre la Unidad de Investigaciones Especiales fue aprobado de inmediato por Alejandro Vargas una mañana de marzo en la oficina de Carmen Aristegui.

Al calor de la plática, propuso que esa unidad mejor trabajara para todo MVS, pero Aristegui no aceptó. Esa idea era de su equipo, dijo ella.

Cuando Rafael Cabrera iba a bordo de un microbús por el rumbo de San Ángel, al sur de la ciudad de México, recibió una llamada de Lizárraga. Lo invitaba a sumarse al nuevo proyecto. Era ya el 22 de abril de 2014.

Para aquel entonces Sebastián Barragán ya formaba parte del equipo. Un joven reportero barbado, delgado y fumador, quien había mostrado sus habilidades para buscar datos gubernamentales, organizarlos con rapidez, integrar bases de datos y explotar el sistema de rendición de cuentas en *El Universal*, a la par que cursaba la maestría de periodismo en el Centro de Investigación y Docencia Económicas (CIDE).

La primera vez que Cabrera se encontró con Lizárraga en su oficina de Noticias MVS le habló de aquel proyecto sobre una casa en las Lomas de Chapultepec, el mismo que le había descrito en el taller de Arteluz.

"¿Qué tenemos?", se preguntó Lizárraga en los días siguientes.

"Veamos", se dijo una tarde a solas sobre la barra de un restaurante y escribió en un cuaderno: "El dueño de los helicópteros que usó Peña Nieto en la campaña presidencial también tiene una empresa inmobiliaria que es propietaria de la casa en las Lomas de Chapultepec en la cual apareció Angélica Rivera en una entrevista diciendo que ahí vivirá toda la familia cuando acabe el sexenio".

"Demasiado largo para una hipótesis. Escribió de nuevo": "Angélica Rivera confesó que tienen una residencia, ubicada en las Lomas de Chapultepec, uno de los barrios más lujosos de la capital mexicana, la cual legalmente es propiedad de un proveedor de la campaña de su esposo, Enrique Peña Nieto. El dueño de esa firma es Juan Armando Hinojosa Cantú, quien fue contratista en el Estado de México cuando él fue gobernador".

—Demasiado confusa. Si tuviéramos que escribir una historia a partir de esa revelación —le explicó después a Cabrera— quedarían huecos.

"Imaginemos una película en la que hay errores de secuencia. Aunque Angélica Rivera haya dicho que vivirán ahí hay que documentarlo. ¿Quién es Juan Armado Hinojosa Cantú que fue capaz de construir una residencia con esas características para el presidente?"

—Pues uno de los contratistas más importantes en el Estado de México —respondió Cabrera.

—Hay que buscar todo lo que se pueda de ese tema. Ésa será nuestra hipótesis directriz —le dijo Lizárraga.

Dos semanas después, Cabrera ya tenía una primera versión del reportaje... aunque hacia el final se acumularían unas 10 versiones. No había día que el texto no fuera corregido.

En el texto quedaba claro que uno de los empresarios cercanos a Peña Nieto, quien se había encargado de obras públicas emblemáticas en el Estado de México, era el constructor de la residencia en las Lomas de Chapultepec mostrada por Angélica Rivera.

Lizárraga revisó un borrador del reportaje a bordo de un avión. La historia ya era fuerte, pero referirse a Hinojosa como un "empresario cercano", "dueño de la empresa que hizo obras emblemáticas" o quizá pensar "en el contratista más importante" era caer en lugares comunes, figuras retóricas que restaban contundencia.

¿Hinojosa es el contratista más importante? ¿Por qué es tan cercano a Peña Nieto? La búsqueda de esos datos involucró al propio Cabrera y a Sebastián Barragán.

A la investigación le nacieron dos brazos. Uno de ellos debía construirse con bases de datos sobre los contratos de Hinojosa. El otro debía comprobar que la casa sí era de Peña Nieto y Rivera.

Fue entonces cuando Cabrera hizo una singular solicitud de acceso a la información. Usó el nombre de uno de sus tres gatos, Darwin, para preguntar a Los Pinos por qué elementos del EMP estaban afuera de la casa marcada con el número 150 de la calle Sierra Gorda, en las Lomas de Chapultepec. La pregunta hecha por el ciudadano "Darwin Cabrera" parecía haber sido redactada por un vecino enojado.

Cabrera pertenece a una generación de reporteros que han aprendido a usar la Ley Federal de Transparencia como una herramienta de trabajo, la cual requiere de cierta técnica para abrir los archivos y datos públicos. En este caso buscaba una pieza importante en el rompecabezas: comprobar que ésa era la residencia de Peña Nieto.

Lanzado el anzuelo, era cuestión de esperar. Aguardar, incluso, qué tenían que decir los hermanos Vargas a Aristegui sobre la publicación del reportaje.

Dentro de MVS había guerra fría. Cuando el equipo de la Primera Emisión hablaba sobre el tema de las Lomas de Chapultepec lo hacía fuera de las oficinas. Los teléfonos se dejaban guardados en un cajón y caminaban por las calles de la colonia Anzures.

En una de esas reuniones, en las que siempre estaban Aristegui, Lizárraga, la coordinadora de invitados, Olga Carranco, y el entonces jefe de información, Jorge Navarijo, acordaron ponerle un nombre falso a la investigación. Si tenían que decir algo sobre ella aludirían al caso con la clave de "Tepoztlán".

Por aquellos días, en el verano de 2014, Aristegui se reunió con Joaquín, Alejandro y Ernesto Vargas —otro de los hermanos dueños del grupo empresarial— en uno de sus restaurantes, El Lago, ubicado en el Bosque de Chapultepec.

En esa cita, Joaquín Vargas —a quien iba dirigido aquel mensaje equivocado de Chao— finalmente le expuso personalmente a Aristegui la gravedad del caso.

Le dijo que su grupo empresarial estaba en una situación vulnerable, y que si esa investigación salía al aire, seguramente habría fuertes afectaciones para ellos.

Joaquín Vargas era quien llevaba la batuta. Los otros dos hermanos hablaban poco. Aristegui ha descrito aquella reunión como tensa pero sin manotazos.

A Aristegui le pidieron su comprensión, pero nunca explicaron quién les informó de ese reportaje. Los hermanos Vargas tampoco mostraron interés por conocer las pruebas que tenía la Unidad de Investigaciones Especiales. Nada que preguntar sobre la solidez del reportaje.

El problema era distinto. En algún momento Joaquín Vargas intentó convencer a Aristegui de no difundir el reportaje, aludiendo que esa noticia sobre la casa ya había sido publicada en el portal ADN Político. Se trataba de la misma información que su equipo tenía en el archivo como parte de los antecedentes del caso. "Carmen, eso ya está publicado", le enfatizó Joaquín Vargas.

Aristegui no lo contradijo. Cuando vio su reacción supo que ellos no tenían idea de la profundidad de la investigación. Seguramente tampoco la tenía quien los alertó de su existencia.

Ella dijo que no podía aceptar una censura, bajo ninguna circunstancia, porque su equipo tenía una investigación de alto impacto de la cual estaban convencidos que los radioescuchas tenían derecho a conocerla.

Un trabajo de este calado o cualquier otro —les explicó— no podía guardarse en un cajón y junto con su equipo tendría que aquilatar lo que significaría perder el espacio.

De cualquier forma, agregó, se buscaría la forma de que esta información sea difundida y tarde o temprano se saben las cosas.

Ella regresó a casa con el sinsabor de la censura anunciada y ellos subieron a sus camionetas en espera de que los periodistas comprendieran la vulnerabilidad en que quedarían ante el poder si se transmitiera el trabajo por Noticias MVS.

Al día siguiente, de nuevo reunidos dando vueltas en las manzanas de la colonia Anzures, el equipo se vio ante tres escenarios: aceptar la censura para mantener el noticiario; sacar el trabajo sin su consentimiento, aunque eso implicara quedarse pronto en el desempleo, o quizá avisarles que sí saldría al aire y asumir las consecuencias. Una de ellas, por ejemplo, que no los dejaran poner un pie en la estación.

Ninguno de ellos recuerda cuántas veces caminaron por esas calles pensando qué hacer. En su ánimo pesaba que el resto del equipo de redacción y producción se quedara sin trabajo de un momento a otro, sin tener idea de lo sucedido.

Una de esas mañanas, mientras caminaban por la calle de Herschel, Aristegui se detuvo intempestivamente para advertir que tragarse la censura sería algo con lo que no podría seguir adelante, tenía los ojos chispeantes y el cabello alborotado.

—¿Ustedes cómo lo ven? —les cuestionó sin miramientos.

Lizárraga, Navarijo y Carranco tardaron unos segundos en responder, pero también estaban convencidos de lo mismo, aunque tampoco se hacían a la idea de perder el espacio radiofónico en el cual, la mayoría de ellos había trabajado durante seis años.

Eso también era una manera de echarse para atrás. Sin darse cuenta, la junta callejera estaba celebrándose justo a la entrada de la embajada de la República Árabe Saharaui Democrática. Ahí fue donde acordaron buscar la manera de difundir la investigación sin arriesgar el noticiario, al menos tratar de salvarlo, algo que requería la destreza de un equilibrista tratando de cruzar dos rascacielos.

Lizárraga pensó que cualquier opción que implicara un escándalo previo de censura podría opacar la investigación. Lo importante era revelar la existencia de la casa construida por un contratista del gobierno, lo demás vendría después.

Una tarde mientras viajaba en el metro pensó que la opción sería publicar el trabajo sólo en la página Aristegui Noticias. De esa forma, los dueños de MVS podrían desahogar la presión oficial y ellos evitarían la estocada de la censura.

La mañana siguiente comentó la idea con Cabrera en la oficina. Al reportero no le pareció una mala salida. Cuando terminó el noticiario fue a la oficina de Aristegui para contarle. A ella tampoco le pareció mal.

Entonces organizaron una nueva junta callejera y pusieron la idea a votación. Carranco y Navarijo también estuvieron de acuerdo.

En ese momento manejaron la idea de avisar a los hermanos Vargas, pero eso implicaba que también podrían enterarse en la Presidencia. Aristegui meditaría unos días sobre el asunto, pero la investigación debía estar lista para salir en cualquier momento.

El EMP sí mordió el anzuelo lanzado en una solicitud de acceso a la información para confirmar que vigilaban la casa de Sierra Gorda 150.

Sin saberlo, los militares le explicaron al ciudadano Darwin —el gato gordo y gris de Cabrera— que por reglamento tenían la obligación de resguardar las oficinas y las casas en las que se encuentre el presidente, incluido su domicilio particular.

La oficina de los reporteros estaba convertida en una cueva llena de datos, cifras, trazos y esquemas dibujados en pizarrones y sobre las paredes. Los temas estaban ahí divididos por colores que sólo ellos podían reconocer.

—Si no entendemos cómo se construyó la casa, quién es el dueño de la firma, cuáles serían los intereses detrás de esto y cómo apareció Angélica Rivera en esa portada, será complicado explicar nuestra tesis en un reportaje —les insistía Lizárraga.

Sebastián Barragán hizo un primer corte a la base de datos sobre los contratos: las empresas de Juan Armando Hinojosa Cantú ganaron al menos 8 000 millones de pesos en el Estado de México cuando Peña Nieto fue su gobernador.

Lo siguiente fue darle sentido periodístico a esa cifra. Los contratos tendrían que ampliarse hacia el gobierno de su antecesor, Arturo Montiel, así como a la administración actual encabezada por Eruviel Ávila. Ya sabían que el empresario era millonario, ahora buscarían las pruebas en sus negocios con obra pública.

Una ventana, la más grande de la oficina, sirvió para trazar ahí parte del árbol genealógico de Juan Armando Hinojosa Cantú, una herramienta que serviría para identificar apellidos y nombres relacionados con otros negocios. Se trata de echar una red como lo hacen los pescadores en alta mar.

En uno de los pizarrones elaboraron un diagrama de flujo sobre cómo se desarrollaron los negocios de Higa por medio de sus filiales a través de los años. Los contratos y las licitaciones fueron la prueba del súbito crecimiento.

Los cuatro reporteros se distribuyeron las tareas. La mayoría de las veces trabajaron en pareja. Sin embargo, Lizárraga elaboró una lista en un cuaderno con pendientes que debían atenderse casi personalmente:

a) Entrevistar a Aragonés por nuestra cuenta (Rafa).

b) Investigar las otras obras de Ingeniería Inmobiliaria del Centro (Rafa).

c) Elaborar una base de datos con las bitácoras de vuelo en la campaña de EPN: quiénes se subían a los helicópteros y a dónde iban (Irving).

d) Elaborar otra base de datos con los negocios de Higa antes y después de EPN (Sebastián).

e) Buscar más rastros de las subsidiarias de Higa (Daniel).

f) Organizar la información sobre la casa de Palmas 1325, de la cual salió EPN para rendir protesta (Rafa).

Estos temas aún no estaban insertados en el esquema general de la investigación, pero representaban elementos a los que habría que encontrarles el sentido preciso para ubicarlos dentro de la historia; piezas sueltas de un rompe-cabezas.

Y había otro pendiente: el precio de la casa.

El equipo tenía el plano con las medidas precisas, las fotos de los interiores y de los exteriores, imágenes de los acabados y registros públicos sobre la construcción. El camino de siempre, pero ya desgastado de tanto andarlo, implicaba buscar cuánto valían residencias similares en esa misma zona. Y eso hubiera sido desperdiciar su propio archivo. Lizárraga le preguntó a Cabrera si conocía alguna empresa que pudiera hacer un avalúo para ellos. Días después consiguieron quién lo hiciera a reserva de que era imposible entrar a la propiedad.

—La casa vale poco más de 86 millones de pesos —le dijo Cabrera a Lizárraga por teléfono días más tarde.

Cuando Aristegui supo la cifra se cubrió la cara con las manos. "¿Qué es esto?", preguntó moviendo la cabeza de un lado a otro.

Aun así, faltaban algunas respuestas: ¿Qué ganaba Grupo Higa al construir esa residencia que valía siete millones de dólares? ¿Era sólo un pago por los contratos en el Estado de México?

El 15 de agosto de 2014 el gobierno mexicano anunció la licitación del primer tren de alta velocidad que correría en el tramo México-Querétaro. Las empresas interesadas tenían sólo dos meses para presentar sus propuestas ante la Secretaría de Comunicaciones y Transportes (SCT), encabezada por Gerardo Ruiz Esparza, el hombre que había ocupado el mismo puesto cuando Peña Nieto fue gobernador en el Estado de México.

Las respuestas a las dudas sobre la investigación estaban en ese anuncio hecho por el presidente desde el día que tomó protesta.

Para entonces, Carmen Aristegui ya tenía decidido difundir el reportaje sólo en su portal web, sin que estuviera al aire en el noticiario que conducía desde hacía seis años en Noticias MVS.

—Es una manera de no callarnos; de sortear la censura y no perder el espacio —comentó a sus colaboradores en una nueva junta callejera.

En la oficina de la Unidad de Investigaciones Especiales hicieron una nueva valoración sobre en dónde estaban parados. De hecho, cada lunes medían los avances. Cabrera tenía en sus manos una nueva redacción del reportaje. Sin embargo, no estaban convencidos.

Lizárraga leyó varias veces el texto, pero le parecía como una enorme llanura. La falta de relieves lo hacía aburrido. Y no era sólo un problema de narrativa; también había datos, fechas, hechos que no encontraron espacio. Piezas sueltas cargadas de información.

Unos meses atrás, el 29 de mayo de 2014, trabajaron en un reportaje al que titularon "Los amigos de Alejandra Sota", en el cual describieron cómo un grupo de ex funcionarios de Los Pinos, amigos de la vocera presidencial durante el gobierno de Felipe Calderón, obtuvieron 38 millones de pesos a través de una sociedad civil llamada Defoe.

En esa ocasión había cuatro historias que corrían en forma paralela: la firma de los contratos, los amigos de Alejandra Sota, la conformación de Defoe y el paso de esos ex funcionarios por Los Pinos así como por otras secretarías. Todas llegaban al mismo punto y servían para explicar cómo se hicieron de recursos públicos.

Lizárraga, influido por el trabajo de la periodista chilena Mónica González, improvisó una técnica a la que llamó *líneas de tiempo simultáneas*. Se trataba de trazar, fecha por fecha, el desarrollo de esas historias que corren paralelas al tema central de la investigación. Así pudieron explicar cómo pasaron las cosas en aquella ocasión.

Una mañana de agosto Lizárraga llegó a la oficina, tomó marcadores de colores diferentes y, sobre uno de los pizarrones blancos, dibujó cuatro largas flechas.

—Vamos desarrollar —les explicó— cuatro líneas de tiempo: cómo fue la construcción de la casa en las Lomas de Chapultepec, la historia de amor entre Peña Nieto y Rivera, la carrera política del presidente, y una más con los contratos de Higa en los gobiernos del Estado de México y a nivel federal.

"Sobre estas líneas —especificó señalando el pizarrón— vamos a poner todo, fecha por fecha. Cada día que merezca estar aquí debe ir acompañado de algo, como una letra por ejemplo, que nos remita a un documento o a cualquier otro tipo de prueba.

Mientras tanto prepararon dos solicitudes más de acceso a la información. Una dirigida a Los Pinos para preguntar, directamente, sobre el registro de la casa de las Lomas de Chapultepec en la declaración patrimonial de Peña Nieto o, en su caso, a nombre de su esposa. La otra fue enviada a la Secretaría de la Función Pública para pedir, por otra vía, acceder a la misma lista de bienes.

Las respuestas a un sencillo ejercicio de rendición de cuentas servirían para blindar la investigación.

—Hasta tener esas respuestas publicamos —les dijo Aristegui.

Pasarían semanas para obtenerlas y así llegaría el mes de octubre…

Durante ese compás de espera, llegó el 15 de octubre. Ese día la SCT daría a conocer a los postores para construir el tren de alta velocidad México-Querétaro.

Esa tarde Sebastián Barragán estaba solo en la oficina. Se quitó los audífonos y subió el volumen de la televisión para escuchar el anuncio.

El ganador fue un consorcio conformado por la poderosa empresa China Railway Construction junto con las mexicanas Constructora y Edificadora GIA+A, Promotora y Desarrolladora Mexicana, GHP Infraestructura Mexicana y una más: Constructora Teya.

Ese nombre le sonaba familiar. Barragán alzó un poco la mirada y, sobre uno de los ventanales de la oficina, repasó los nombres de las filiales de Higa que, durante varios días, había colocado dentro de un diagrama de flujo empresarial.

Lizárraga le había pedido que hiciera ese trazo, luego de haber visto algo similar durante la Conferencia Latinoamericana de Periodismo de Investigación realizada en octubre de 2013 en la ciudad de México. Aquella ocasión el periodista argentino Hugo Alconada usó un modelo con esas características para dar con Lázaro Báez, el gran beneficiario de la obra pública durante la última década en la Patagonia, quien pagó millones de pesos por cientos de habitaciones en el hotel Calafate durante años y así engordó la billetera de los últimos presidentes Néstor Kirchner y Cristina Fernández.

Barragán mandó un mensaje a sus compañeros, quienes habían salido a comer: Grupo Higa tenía en sus manos la construcción del tren México-Querétaro. En sociedad con los chinos fueron los únicos postores con una oferta de 50 820 millones de pesos, unos 3 800 millones de dólares, según el tipo de cambio vigente entonces.

A la mañana siguiente, en el noticiario de Aristegui, difundieron un reportaje de siete minutos en el cual identificaron a Constructora Teya, propiedad de Juan Armando Hinojosa Cantú, como la compañía que hizo algunas de las obras más emblemáticas en el Estado de México durante la administración de Peña Nieto y también hablaron de la cercanía de otra de las firmas, GIA+A, con el entorno familiar del ex presidente Carlos Salinas de Gortari.

Tenían que hacerlo. Desde la tarde anterior sabían que el diario *Reforma* también se ocuparía del asunto por el seguimiento que había hecho a Eolo Plus, la otra empresa de Hinojosa Cantú, la misma de los helicópteros de la campaña electoral.

Lo que no tenían previsto es lo que sucedió en la cabina. José Antonio Vega, conocido como *el Chino*, recién nombrado directivo de Noticias MVS, llegó hasta uno de los escritorios y tomó sin avisar a la productora, Kirén Miret, la escaleta en la cual ordenaban los materiales para transmitir. Nunca lo había hecho antes. Vega no dejaba de mirar con severidad a Aristegui, Lizárraga y Cabrera, quienes daban la noticia en el estudio.

Desde unos días atrás, en la redacción los reporteros y redactores escucharon que había preocupación entre los directivos porque no sabían cuándo se difundiría el tema de la casa en las Lomas de Chapultepec.

La oficina del equipo de investigaciones especiales se había convertido en un hormiguero. Lizárraga y Cabrera se apresuraban para ubicar a los proveedores de las obras de arte —que se veían en las fotografías tomadas para el arquitecto Aragonés—, así como a los de la madera, a los encargados de los pisos y a quienes instalaron la iluminación.

Jorge Navarijo, quien también editaba el portal Aristegui Noticias, hizo mancuerna con el diseñador Gustavo Soledad para desarrollar los materiales multimedia que acompañarían el reportaje. Irving Huerta se dedicó de tiempo completo a plasmar la investigación en un video.

—Tenemos que tomar una decisión —afirmó Aristegui apenas terminó el programa del 16 de octubre—. ¿Sacamos la investigación antes de que se dé a conocer que los chinos y Teya tienen la obra o esperamos a que sea un hecho?

La cuenta regresiva para la publicación había comenzado a correr…

El lunes 3 de noviembre Irving Huerta estuvo en la ceremonia en la cual oficializaron la obra en favor del consorcio chino-mexicano. En la oficina de Aristegui planeaban cómo difundir la investigación. El fallo a favor de esas empresas era un hecho a menos que sucediera algo extraordinario.

Juan Armando Hinojosa Cantú, cuya inmobiliaria construyó la casa de Sierra Gorda 150 para Peña Nieto y Angélica Rivera, acababa de hacer el negocio de su vida.

Lizárraga traía desde tiempo atrás la idea de sumarse, en la medida de sus posibilidades, a una tendencia en el periodismo de investigación que, a nivel internacional, ya había provocado una fuerte sacudida. El Consorcio Internacional de Periodistas de Investigación (ICIJ, por sus siglas en inglés) publicó el caso conocido como *Chinaleaks* mediante el cual se demostró cómo 13 familiares de los máximos dirigentes comunistas tuvieron una importante actividad secreta en refugios fiscales. Tras analizar una lista de unos 40 000 nombres, el trabajo fue difundido simultáneamente por los diarios *Le Monde*, *El País*, *The Guardian*, *The New York Times*, *Ming Pao* (Hong Kong) y *Commonwealth Magazine* (Taiwán).

Ésta era una forma de romper los cercos gubernamentales y también potencializar el impacto de la información.

Aristegui buscó a directivos de los diarios *Reforma* y *La Jornada*, así como de la revista *Proceso*. Las primeras charlas entre ellos se concretaron en cuestión de horas.

La noche del miércoles 5 de noviembre Aristegui, junto con Lizárraga y Cabrera, se reunieron con el director de *Proceso* en un café de Altavista, al sur de la ciudad de México.

Rodríguez Castañeda observó en una computadora el video hecho por Irving Huerta, habló algunas cosas con ella sobre el impacto que podría provocar ese reportaje y se marchó.

—A todos les ha gustado la investigación, pero todavía no tenemos certeza de que los medios nacionales convocados vayan a sumarse —comentó Aristegui con sus dos colaboradores.

El resto del equipo estaba encerrado desde hacía horas preparando el material para difundirlo al siguiente fin de semana, el 8 o 9 de noviembre. Faltaban unas horas, fueran solos o acompañados. Pero hacerlo solos era un acto suicida, como lanzarse sin paracaídas. Y ese paracaídas eran los otros medios.

Su plan era primero convencer a los mexicanos y luego a los corresponsales extranjeros. Pero ante la incertidumbre por parte de los diarios nacionales, Aristegui llamó desde ahí mismo, dentro de la cafetería, a Jo Tuckman, quien representaba a *The Guardian*.

Ella se encargó de buscar a sus colegas de otros diarios internacionales y, en unos minutos, se acordó una junta para el día siguiente, al mediodía del jueves 6 de noviembre, en la oficina de Aristegui Noticias.

Más tarde los mexicanos aceptaron, pero la reunión con ellos se programó para la mañana del viernes 7 de noviembre.

—Imagina que mañana vamos a presentar un examen profesional. Hay que prepararnos no sólo para demostrar la solidez de la investigación sino también para convencerlos de ir juntos —le advirtió Lizárraga a Cabrera.

El mediodía del jueves 6 de noviembre llegaron a la oficina de Aristegui Noticias los corresponsales del *Financial Times*,

The Guardian, The New York Times, The Wall Street Journal, Los Angeles Times, CNN en Español y el *Miami Herald*.

Aristegui les habló de la petición de los hermanos Vargas para que esa investigación no saliera en el noticiario, les hizo un breve resumen del trabajo y luego dejó correr el video.

Para ese jueves 6 de noviembre el reportaje era distinto al que se conocería después. El tema era aún más poderoso, pues el dueño de una de las empresas mexicanas ganadoras de la licitación del tren de alta velocidad había construido una casa de siete millones de dólares al presidente Enrique Peña Nieto y a su esposa, Angélica Rivera, en una de las zonas más exclusivas y lujosas de todo México.

Los corresponsales enmudecieron por unos segundos. Cabrera y Lizárraga tenían aquella vieja carpeta verde con las pruebas más importantes. Durante una hora y media atendieron preguntas e inquietudes. A cada reportero le entregaron un dispositivo USB con una copia de ese video, junto con archivo de las fotos tomadas del portal del arquitecto Aragonés y algunos documentos clave.

Ellos recibieron la primera versión del reportaje en el cual se demostraba que uno de los contratistas ganador de la licitación del tren México-Querétaro, Juan Armando Hinojosa Cantú, construyó una casa de siete millones de dólares para Peña Nieto y su esposa Angélica Rivera.

—Si están de acuerdo, nosotros pensamos salir al amanecer del sábado. A partir de ese momento pueden reproducir lo que gusten o el trabajo completo —les propuso Aristegui. Y ellos accedieron.

El audio del video se grabó en un estudio privado. Desde que la familia Vargas pidió que no se publicara, se buscaron alternativas para grabar y la paranoia se convirtió en algo cotidiano entre el equipo. Jorge Navarijo y el diseñador Gustavo Soledad ajustaban el *banner* que colocarían en la página.

"La casa blanca de Enrique Peña Nieto", fue el título escogido luego de varias propuestas. La idea fue de Navarijo. Tenía fuerza y significado sin caer en descalificaciones.

—Yo atendí la petición de no difundirlo en el noticiario, pero nunca me comprometí a no buscar otros espacios para hacerlo —le comentó Aristegui a Lizárraga terminada la junta con los corresponsales extranjeros.

Lizárraga y Cabrera regresaron a la oficina para los últimos ajustes a la versión web del reportaje y pulir los detalles del material que lo acompañaría: una versión del avalúo sin el nombre de la empresa —así lo habían pedido ellos—, una infografía con fotos, mapas y planos, un recorrido virtual por la historia de amor del presidente contraponiéndolo a la construcción de la casa y, además, el video.

Aristegui pidió a su equipo ajustar algunas frases y darle más fuerza a las revelaciones con un tono de voz distinto. Además, una mujer debía leer la frase de Rivera que detonó la investigación.

Aquel día Cabrera, Lizárraga y Huerta regresaron al estudio de grabación independiente acompañados de la productora Kirén Miret, en el cual pasaron horas ensayando hasta tener lista la nueva versión.

—Qué poca madre, me toca ser la voz de Angélica Rivera, ya ni la chingan… —se quejó entre risas Miret.

Ese mismo día Ruiz Esparza había pasado la tarde defendiendo el proyecto durante una reunión con senadores.

—Hay dudas fundadas porque entre las empresas mexicanas que ganaron están algunas relacionadas con el presidente Peña Nieto y con el ex presidente Salinas de Gortari —acusó la senadora Marcela Torres Peimbert.

—El gran asunto en esta obra son los vínculos del PRI con el presidente o con la campaña de éste —enfatizó el senador Javier Corral.

Ante los cuestionamientos, Ruiz Esparza dijo, por ejemplo, que el gobierno chino era libre para asociarse con quien quisiera, que la oferta hecha a México era algo fuera de serie, que si ampliaban el tiempo para recibir más propuestas se pondría en peligro el proyecto y, sobre todo, que ninguna relación de amistad influyó en la decisión.

Para el gobierno de Peña Nieto la obra estaba en pie.

Al terminar la cita, el senador panista Javier Lozano supo que a Ruiz Esparza le llegó un mensaje para que se trasladara a una reunión urgente en la Presidencia.

A lo largo de ese día, algunos de los corresponsales internacionales que estuvieron en Aristegui Noticias buscaron al vocero de Los Pinos, Eduardo Sánchez, para pedirle una versión sobre la casa de Sierra Gorda 150.

Esa noche, en el noticiario estelar de Televisa, Ruiz Esparza anunció que por instrucciones de Peña Nieto se había cancelado la construcción del tren. La voz efusiva del conductor, Joaquín López-Dóriga, presumiendo una exclusiva contrastaba con el tono pausado del secretario de Estado, quien trató de explicar que ante las dudas e inquietudes decidieron lanzar una nueva licitación en la cual hubiera mayor claridad para todos los interesados.

La noticia estremeció al equipo.

—¡Les dije que lo hubiéramos publicado antes! —le reprochó Cabrera a Lizárraga por teléfono.

—Y ahora ¿qué hacemos? —preguntaba Irving Huerta en mensajes de texto.

—Están bromeando, ¿verdad? —escribió Barragán.

A las dudas de sus reporteros, Lizárraga sólo repetía: "Calma, calma…" Era la primera licitación cancelada en la historia de México por orden presidencial.

Los corresponsables internacionales buscaban a los colaboradores de Aristegui para saber si seguían con el plan de publicar el siguiente fin de semana. El mensaje fue que sí, aunque ya no podían sostener el mismo ángulo. Ya no habría tren, pero la residencia de Sierra Gorda 150 ahí estaba, sin que nadie supiera de su existencia.

Para el programa del viernes 7 de noviembre Jorge Navarijo y Olga Carranco se dedicaron a incorporar entrevistas y a ampliar la información sobre la inaudita intervención presidencial.

Al terminar el programa Aristegui y sus colaboradores caminaron de prisa a las oficinas del portal donde ya los esperaban Pedro Miguel, enviado por la directora de *La Jornada*, Carmen Lira; Roberto Zamarripa y Jorge Arturo Hidalgo, del Grupo Reforma, así como el director de *Proceso*, Rafael Rodríguez Castañeda, acompañado del reportero Arturo Rodríguez.

Aristegui hizo un balance de lo sucedido durante las últimas horas y de nuevo dejó correr el video con la advertencia de que no esperaban un escenario tan distinto en unas horas.

El acuerdo fue que la investigación no se difundiría hasta el domingo. Ese viernes, el procurador general de la República, Jesús Murillo Karam, daría una conferencia con las conclusiones sobre el caso de los 43 normalistas de Ayotzinapa. Ninguna noticia podría competir contra eso en los diarios del sábado.

Peña Nieto estaba a unas horas de iniciar una visita de Estado a China, a donde llegaría con las manos vacías tras la cancelación del tren, y después estaría en Australia para la Cumbre de Líderes del Grupo de los 20, en donde la prensa lo trató duramente por el caso Ayotzinapa y ahí mismo recibiría el coletazo internacional por su residencia de siete millones de dólares. Cuentan los reporteros que asistieron a esa gira que Peña Nieto y Rivera sólo acudían a los actos oficiales y volvían a encerrarse en su hotel. Era evidente la tensión en el presidente.

La tarde del sábado 8 de noviembre el equipo volvió al estudio de grabación para actualizar el audio. Después vieron a un reportero del portal Sin Embargo, el cual había decidido sumarse a la publicación simultánea. Lizárraga, su esposa, la reportera Beatriz Pereyra de *Proceso*, Huerta y Cabrera fueron a las oficinas del semanario fundado por Julio Scherer para obtener una copia de la revista. Era una portada dividida en dos columnas verticales: de un lado, el caso Ayotzinapa; del otro, la casa del presidente en las Lomas. Más que emoción, sintieron miedo: ya no había marcha atrás.

Las últimas horas fueron de trabajo a marchas forzadas. Huerta se fue a su casa a ajustar el video con el nuevo audio. Mientras Lizárraga y Cabrera fueron a la casa de Aristegui a planear la estrategia de redes sociales para posicionar el tema entre el público y otros medios de comunicación. Sin la fuerza de la radio, Twitter y Facebook debían convertirse en un gran altavoz. Abrieron unas cervezas, sirvieron unos cacahuates y comenzaron a escribir y borrar tuits. La etiqueta o *hashtag* era obvia: #LaCasaBlancadeEPN.

Estuvieron escribiendo hasta la medianoche y enviaron los tuits al equipo de Aristegui Noticias. Se despidieron para ir dormir, pero en realidad ninguno de los tres pudo hacerlo. Durante la madrugada Irving Huerta acabó el video y lo llevó con Jorge Navarijo para subirlo al canal de Youtube del portal. Los minutos comenzaron a correr… Apenas comenzaba a amanecer cuando la nota ya circulaba por las redes sociales. Para mediodía no se hablaba de otro tema. La Presidencia reaccionó: el vocero Eduardo Sánchez intentó matizar diciendo que la casa era propiedad de Angélica Rivera… Pero no pudieron refutar el reportaje.

La mañana del lunes 10 de noviembre el tema era ineludible en la radio, aunque ahí nunca se transmitió el audio, ni un segundo siquiera. Aristegui se sentó frente al micrófono y abrió su programa:

—Bueno, pues a las siete de la mañana con un minuto, le informamos que el gobierno de la República informó que la casa blanca, ubicada en las Lomas de Chapultepec, en la ciudad de México, pertenece a Angélica Rivera Hurtado, esposa del presidente Enrique Peña Nieto… Este domingo el portal Aristegui Noticias publicó una investigación especial sobre esta residencia…

Los periodistas habían logrado evadir la censura… O eso creyeron entonces.

EL JARDÍN PRIVADO DE LUIS VIDEGARAY

El viernes 13 de marzo de 2015 fue la última vez que Carmen Aristegui transmitió su noticiario a través de la frecuencia 102.5 de FM, concesionada a Noticias MVS y la familia Vargas, donde conducía desde inicios de 2009 el programa estelar. Vestía una blusa blanca, el cabello castaño claro siempre corto, y su voz y rostro eran más tensos que otros días, a pesar de estar habituada a una estricta disciplina de noticias, estrés y déficit de sueño.

Durante la última hora del programa, entre las nueve y diez de la mañana, dio una pincelada sobre un reportaje hecho por su equipo de investigaciones especiales, el cual se había inmerso, durante dos meses, en un laberinto de fechas, documentos y nombres sobre la compra de una casa de descanso por parte del secretario de Hacienda, Luis Videgaray, dentro de un exclusivo campo de golf situado en el poblado de Malinalco, en el Estado de México.

Un día antes, el jueves 12 de marzo, dos de los integrantes del equipo de investigaciones, el coordinador Daniel Lizárraga y el reportero Irving Huerta, habían sido despedidos por MVS bajo el argumento de "abuso de confianza". El cese, dijo Aristegui, afectaba investigaciones en curso, como la de Videgaray y su residencia.

Esa mañana, una versión preliminar del reportaje estaba lista para transmitirse. No era perfecta, pues se había reescrito y grabado bajo presión entre las cinco y ocho de la mañana. El entonces director de información del programa, Salvador Camarena, hizo correcciones al texto. La productora Kirén Miret y los reporteros Sebastián Barragán y Rafael Cabrera grabaron a toda prisa en una de las cabinas de la estación. Pero hacía falta alguien que diera voz a Luis Videgaray. El elegido fue Agustín Paniagua, parte del equipo de redacción, quien aceptó entre risas el honor.

Sin embargo, Aristegui comunicó a su equipo —completado por las coordinadoras Olga Carranco y Karina Maciel, quienes estaban en la cabina de producción— que el reportaje no se transmitiría e insistió en escuchar una mejorada y última versión.

—No tenemos margen de error. Lo que salga debe ser impecable —repetía a sus colaboradores durante las juntas de trabajo en que se discutía el tema.

La conductora sabía que estaba en terreno minado. Cuatro meses antes había difundido el reportaje sobre la casa blanca de Enrique Peña Nieto en Aristegui Noticias, el sitio de internet fundado por ella de manera independiente. Esa investigación provocó que la relación entre ella y los directivos y propietarios de MVS se enfriara como nunca antes, y la comunicación entre ellos se limitó a lo indispensable.

La noche del jueves 11 de diciembre de 2014 el influyente diario estadounidense *The Wall Street Journal* su sumó al reportaje de la "casa blanca" al abrir una nueva brecha de investigación: reveló que la residencia de descanso fue vendida a Videgaray por la empresa de Bienes Raíces H&G, propiedad de Grupo Higa, del empresario Juan Armando Hinojosa Cantú, el mismo grupo empresarial que financió y construyó la casa blanca para Peña Nieto y Angélica Rivera.

Videgaray se aferró a que la compra fue legal. Y en cada entrevista que ofreció dijo que la compra de su casa de descanso había sido dentro de los límites de la ley. Él, aseguró, estaba libre de culpa y nadie le tiró la primera piedra.

Con la publicación a cuestas del diario estadounidense, el equipo de Aristegui buscó otra veta informativa y la encontró al poner los ojos en el pasado, en Videgaray como coordinador de la campaña presidencial de Peña Nieto, y no como el encargado de las finanzas del país.

Grupo Higa había hecho obras públicas emblemáticas en el Estado de México cuando fue gobernado por Peña Nieto, y más tarde apareció como proveedor en la campaña presidencial de éste. Al terminar el proceso electoral, Videgaray adquirió la casa de descanso, bajo condiciones favorables, a la empresa de Hinojosa Cantú.

Carmen Aristegui comentó aquella mañana del viernes 13 de marzo que el reportaje saldría el martes siguiente, el día 17. Pero ese día nunca llegó. El lunes ella y todo su equipo de trabajo estaban fuera del aire, tras la decisión de MVS y la familia Vargas de romper de forma unilateral el contrato con la periodista.

Aquel reportaje fue guardado en una USB negra que alguien del equipo logró esconder. Documentos, archivos digitales, computadoras… Casi todo fue confiscado por MVS tras los despidos del equipo.

Si aquel martes 17 de marzo de 2015 se hubiera transmitido con normalidad el programa de Carmen Aristegui, los radioescuchas habrían conocido la historia del jardín privado de Luis Videgaray.

Luego de figurar como uno de los proveedores de helicópteros, aviones e impresión de propaganda para la campaña presidencial de Enrique Peña Nieto, el dueño de Grupo Higa, el empresario Juan Armando Hinojosa Cantú, vendió una casa de descanso en condiciones ventajosas a quien había sido, precisamente, el coordinador de la Coalición Compromiso por México, conformada por el PRI y el Verde Ecologista: Luis Videgaray.

Contrario a la lógica empresarial de obtener dividendos a toda costa, por aquella operación inmobiliaria Hinojosa Cantú no tuvo ninguna ganancia, pues vendió la casa al mismo precio que la había comprado 11 meses antes al dueño original: 7.5 millones de pesos, alrededor de 576 000 dólares, según el tipo de cambio en 2012.

No fue el único movimiento significativo, pues Luis Videgaray registró que había liquidado el crédito que le otorgó H&G hasta el 25 de noviembre de 2014. Es decir, sólo 16 días después de que el equipo de Aristegui reveló la existencia de la casa blanca en las Lomas de Chapultepec, construida por el mismo Grupo Higa para Peña Nieto y su esposa, Angélica Rivera.

El ahora secretario de Hacienda gozó de una tasa de interés preferencial de sólo 5.31 por ciento, la cual estaba por debajo de la tasa de referencia que establecía en ese momento el Banco de México, de 12.17 por ciento.

La casa de Malinalco siempre ha estado ligada al mundo de la política. En un inicio fue propiedad del empresario y ex director de la Comisión Nacional de Cultura Física y Deporte, la Conade, Nelson Vargas. Pero el 13 de diciembre de 2011 H&G firmó la escritura en la que consta la compra por 7.5 millones de pesos, de acuerdo con el expediente del inmueble en poder del Instituto de la Función Registral del Estado de México.

En esos momentos Luis Videgaray era diputado federal con licencia, pues dejó el cargo para coordinar la campaña a la gubernatura de Eruviel Ávila para el Estado de México, y posteriormente se alistaría para hacer lo mismo con la campaña de la alianza PRI-Verde Ecologista de Peña Nieto a la presidencia.

Al mismo tiempo, otra filial de Grupo Higa, llamada Ingeniería Inmobiliaria del Centro, construía la casa blanca en Sierra Gorda 150, en Lomas de Chapultepec.

Tres meses después de que Peña Nieto ganó la elección presidencial, la empresa de Hinojosa Cantú firmó un contrato privado de compraventa con Luis Videgaray, según ha afirmado el propio secretario de Hacienda, aunque este documento nunca se ha hecho público.

El monto de la compra fue de 7.5 millones de pesos (alrededor de 576 000 dólares), según consta en el Instituto de la Función Registral del Estado de México y, por separado, en la primera declaración patrimonial de Videgaray como titular de Hacienda.

Grupo Higa no sólo no tuvo ganancias por la venta de la casa sino que además tuvo pérdidas, conforme a las variables económicas del mercado. La tasa de inflación acumulada entre diciembre de 2011, cuando la compró Grupo Higa, y octubre de 2012, cuando Videgaray supuestamente firmó el contrato privado de compraventa, fue de 2.63 por ciento. Y, al mismo tiempo, la tasa de inflación en el sector de uso de vivienda propia en ese periodo fue de 1.67 por ciento.

Por su parte, el índice de precios de la vivienda de la Sociedad Hipotecaria Federal revela que los precios de las viviendas usadas a nivel nacional aumentaron en 2.83 por ciento entre el cuarto trimestre de 2011 y el cuarto trimestre de 2012. Pero nada ganó la empresa, ni un peso, ni un centavo.

La residencia de Malinalco mide 1 501 metros cuadrados, los muros de la fachada están pintados de blanco y morado, a su alrededor están sembrados arbustos y buganvilias, y tiene una ubicación privilegiada dentro del club de golf: tiene vista a un estanque con patos que está a unos 200 metros de distancia, la casa club queda a sólo 400 metros y se encuentra a la altura del hoyo nueve. Y para evitar que las bolas de golf entren a su propiedad o rompan alguna ventana, la casa fue rodeada con una red.

En varias ocasiones este equipo de investigación buscó a directivos de Grupo Higa para obtener una explicación sobre por qué no obtuvieron ganancias en la compraventa de la casa a Luis Videgaray, pero nunca hubo respuesta.

De forma paralela, los periodistas enviaron un cuestionario con 19 preguntas por escrito al secretario de Hacienda. La respuesta tardo más de dos semanas y él ignoró la mayoría de los cuestionamientos. Su respuesta se limitó a un escueto mensaje de cuatro puntos.

Sobre el monto de la casa dijo, textualmente, lo siguiente: "El precio de adquisición del inmueble, 7.5 millones de pesos, corresponde a un valor acorde con las características de la propiedad y del mercado inmobiliario en la fecha de la compra".

Videgaray evadió responder si supo que la propiedad le fue vendida al mismo precio que la había adquirido H&G de Hinojosa Cantú.

En torno a la tasa de interés preferencial, Videgaray explicó, por vez primera, lo siguiente: "La tasa de interés del préstamo fue de 5.31 por ciento. Es incorrecto comparar dicha tasa con la que ofrecían en la fecha los bancos comerciales, ya que una empresa inmobiliaria no enfrenta los costos regulatorios y operativos en que sí incurre un banco".

Luis Videgaray se llegó a quejar del cuestionario con Carmen Aristegui: "Parece un interrogatorio ministerial", le dijo.

Aunque el foco inicial del reportaje era la residencia de descanso de Luis Videgaray, en el transcurso de la investigación se localizó un terreno adjunto a la propiedad.

Con una extensión de 1 194 metros cuadrados e identificado como lote 16 dentro del club de golf, ese predio es rentado por Videgaray y su familia como un jardín. Y la dueña es la misma empresa de Bienes Raíces H&G.

Fue el propio secretario de Hacienda quien reconoció en una entrevista con el diario *Milenio* que sí usaba ese jardín y explicó que lo rentaba a la empresa de Hinojosa Cantú, sin ofrecer más detalles.

En el cuestionario que le envió este equipo de investigación, Luis Videgaray reveló que paga 10 000 pesos mensuales por el jardín propiedad de Grupo Higa, más la cuota de mantenimiento.

Esa cuota, de acuerdo con un documento de la administración del campo de golf, es de 2 614 pesos mensuales. Esto significa que, para 2015, desembolsará en total 151368 pesos (unos 10000 dólares).

Videgaray, no obstante, nunca ha mostrado copias del contrato de arrendamiento ni de los recibos de pagos. Tampoco explicó por qué no incluyó el jardín en el contrato de compraventa con H&G aun cuando le ofrecieron condiciones excepcionales de compra.

El jardín no cuenta con antecedentes en el Instituto de la Función Registral del Estado de México. No hay rastros sobre sus dueños originales ni de su actual propietario, como si no existiera.

Sin embargo, su existencia consta en las colindancias de la casa de Videgaray, que tiene asignado el lote 15, y un terreno baldío, marcado como lote 17, el cual también pertenece a H&G, según datos del mismo organismo mexiquense encargado de llevar el control sobre las propiedades.

Durante un recorrido hecho por el Club de Golf Malinalco se confirmó en el diseño arquitectónico de la propiedad de Videgaray que no existe separación entre la casa y el jardín.

La residencia tiene una forma pentagonal: dos lados colindan con el campo de golf; otros dos apuntan hacia la calle San Agustín y a la propia entrada, y uno más da hacia el jardín.

Sobre este tema, Luis Videgaray comentó lo siguiente en el cuestionario enviado por este espacio informativo: "El terreno adyacente lo rento como jardín y no forma parte del inmueble de mi propiedad. La renta mensual es de 10000 pesos, y también cubro las cuotas de mantenimiento y cualquier otro gasto relacionado con el terreno. El contrato de arrendamiento establece que el terreno sólo se puede usar como jardín".

Legalmente se trata de terrenos separados, sin embargo, una revisión topográfica elaborada para este reportaje concluyó que se trata de una sola propiedad que mide 2 694 metros cuadrados.

La revisión fue hecha con base en los datos públicos del Instituto de la Función Registral e incluyó un mapa en el cual se detallan los límites de la propiedad.

El mismo día que Luis Videgaray adquirió la casa, la empresa H&G hizo otra operación: compró por 2.5 millones pesos (alrededor de 194 500 dólares según el tipo de cambio de la época) el referido lote 17 de la misma manzana cinco, el cual se encuentra baldío.

Bienes Raíces H&G no tiene más residencias a su nombre en Malinalco o Toluca, sede de Grupo Higa. Tampoco las tiene en la ciudad de México, sitio en el cual fue dada de alta como sociedad ante el Registro Público de la Propiedad.

Se trata de una empresa inmobiliaria que sólo tiene tres terrenos, dos de ellos forman la casa de descanso de Videgaray y el tercero es un lote baldío que está a un lado.

En diciembre de 2014 este equipo acudió a las oficinas registrales en el municipio de Tenancingo, Estado de México, para buscar los papeles de la casa de Videgaray. Sin embargo, las versiones físicas de los lotes 15, 16 y 17 estaban perdidas y sólo podían consultarse en versión digital. Días después se insistió vía telefónica y María de Jesús Sotres, la funcionaria que atendió la llamada, reconoció que los documentos estaban "traspapelados".

—Me da mucha pena con usted —comentó la funcionaria—, porque los han estado checando, han revisado los trámites. Acabo de hablar con mi compañera del archivo y me dice que por más que los han estado buscando no los localizan. Algunos legajos, entre esos los de ustedes, deben estar traspapelados; ahorita están buscando papel por papel y no han concluido con la búsqueda.

El 25 de mayo de 2015 los papeles de la casa de Videgaray y del lote 17, propiedad de H&G, aparecieron. Sin embargo, el expediente del lote 16, correspondiente al jardín que Luis Videgaray dice rentar, siguen perdidos y su contenido, por ahora, sigue siendo un secreto…

Durante la campaña presidencial de Enrique Peña Nieto la empresa de aeronaves Eolo Plus, filial de Grupo Higa, firmó tres contratos con el PRI, para dar el servicio de vuelos privados al entonces candidato.

De acuerdo con las bitácoras de vuelo obtenidas por medio del extinto Instituto Federal Electoral, a través de la Ley de Transparencia, el coordinador de la campaña y ahora secretario de Hacienda, Luis Videgaray, abordó 25 veces los helicópteros y aviones propiedad de Juan Armando Hinojosa Cantú.

En cinco de esas ocasiones viajó él solo a bordo de helicópteros marca Agusta y sus destinos fueron el helipuerto de Radio Capital, en el Distrito Federal, propiedad de los hermanos Maccise Uribe, y el helipuerto ubicado en el edificio del diario *La Prensa*, registrado a nombre de la empresa Inmobiliaria Basilio Vadillo, S. A. de C. V., de acuerdo con el registro de aeródromos y helipuertos de la Secretaría de Comunicaciones y Transportes (SCT).

En otras ocasiones viajó acompañado de Peña Nieto, Angélica Rivera y algunos miembros de la campaña, como su vocero David López y el secretario privado del aspirante a Los Pinos, Jorge Corona.

Videgaray despegó nueve veces del aeropuerto de Toluca. Por ejemplo, el 29 de marzo de 2012, en la víspera del arranque de la campaña presidencial, voló de Toluca a Guadalajara, donde Peña Nieto dio su primer discurso.

Una de las aeronaves que abordaron Peña Nieto y su equipo fue un helicóptero modelo Agusta A-109SP Grand New, matrícula XA-UQH, considerada la de mayor tecnología de Eolo Plus. El piloto regular de ese aparato era el capitán Miguel Ángel Rodríguez López. Su historia y trágico final marcó la campaña.

En 1997 Rodríguez López se graduó como piloto aviador militar de la Universidad del Ejército y Fuerza Aérea en Zapopan, Jalisco. Su experiencia en el Ejército y su capacidad para volar tanto helicópteros como aviones le permitieron moverse con facilidad entre el gremio.

Para 2006 comenzó a trabajar como piloto de aeronaves que dan el servicio de taxi aéreo y por ello tuvo que mudarse a Toluca, pues el aeropuerto de la ciudad reúne a la mayoría de las empresas que dan estos servicios. Un lustro después, el 3 de julio de 2011, comenzó a trabajar para Eolo Plus, la empresa de taxi aéreo propiedad de la familia Hinojosa. Sus tareas consistían en transportar a políticos, artistas y otras empresas que solicitaban los servicios.

De acuerdo con documentos internos de Eolo Plus, el capitán ocupaba el puesto de "piloto aviador de helicóptero" en el área de operaciones y tenía el número de empleado 143.

Al ascender dentro de la compañía, a Rodríguez López se le asignó el helicóptero Agusta matrícula XA-UQH, y con el inicio de la campaña presidencial de 2012 fue uno de los responsables de transportar a Peña Nieto, a su familia y su equipo cercano. Fueron días ajetreados, de largas horas de trabajo volando a cientos de municipios en todo el país.

Semanas después de que el PRI y su candidato ganaron la elección presidencial de 2012, el sábado 28 de julio, Miguel Ángel Rodríguez trasladó a Enrique Peña Nieto del aeropuerto de Toluca a la Hacienda Cantalagua, en el estado de Michoacán, para que celebrara su triunfo y su cumpleaños 46, cumplidos ocho días antes.

Entre los asistentes se encontraban Juan Armando Hinojosa Cantú, dueño de Grupo Higa, y su hijo, Juan Armando Hinojosa García, y los políticos de mayor renombre en el PRI.

Pero la celebración terminó más temprano de lo planeado debido a un accidente que dejó tres muertos.

Alrededor de las 22:00 horas Juan Armando hijo decidió hacer un viaje en helicóptero para recoger a un invitado más, que ya esperaba en el helipuerto de Radio Capital, ubicado en la calle Montes Urales, delegación Miguel Hidalgo de la ciudad de México. No se sabía más de la historia del accidente, pero Juan Manuel Santos López, hermano del piloto, narró por vez primera la versión de su familia.

Aquel día el piloto salió de su casa a las once de la mañana. Según su esposa, Karla Galindo, no debió tomarle más de 15 minutos llegar al aeropuerto para comenzar a trabajar.

Una de las últimas comunicaciones que Juan Manuel tuvo con su hermano fue una llamada telefónica: "A las 9:12 de la noche me habló para ver si nos veíamos al día siguiente, estábamos platicando, la llamada duró cuatro minutos. Me dijo: 'te dejo porque me están hablando, te dejo, te quiero mucho, hablamos'".

La familia confirmó que el día del accidente los helicópteros de Eolo Plus se usaron como taxi aéreo para la fiesta en la Hacienda Cantalagua. Ahí estuvo Miguel Ángel, haciendo viajes para llevar a los invitados a la fiesta privada.

Karla Galindo, viuda del piloto, atestiguó en un juicio civil para exigir el pago de la indemnización correspondiente que Hinojosa García pidió realizar un vuelo relámpago no programado con destino al helipuerto de Radio Capital, ubicado en la calle Montes Urales, delegación Miguel Hidalgo de la ciudad de México.

De acuerdo con los registros de la SCT, ese helipuerto es propiedad de los hermanos Luis Ernesto y Anuar José Maccise Uribe, empresarios ligados también a Enrique Peña Nieto.

El experimentado piloto, de acuerdo con su familia, se negó a realizar el viaje, argumentando que tenía programado un viaje más a la medianoche o en la madrugada para transportar a Enrique Peña Nieto o Juan Armando Hinojosa Cantú de regreso a Toluca.

Juan Manuel Santos narró:

—Mi hermano me dijo que no tenían otro piloto, que no estaba programado ese vuelo. Y que su último vuelo, no recuerdo si era a las 12 o una de la mañana, era para trasladar de Cantalagua a Toluca ya fuera al presidente (Enrique Peña Nieto) o al ingeniero Hinojosa Cantú.

El piloto Rodríguez López tuvo que hacer el viaje ante la insistencia de Juan Armando *junior*.

—Mi hermano les dijo: "Tengo ese vuelo, no puedo ir, venir va a ser muy precipitado". Vio la posibilidad de no hacerlo, pero insistió el hijo del dueño.

El capitán Rodolfo Caballero Hernández, otro de los empleados de Eolo Plus, fue el copiloto de ese vuelo.

Cuando estaba despegando el piloto Miguel Ángel se comunicó por radio con los pilotos de otro helicóptero que iba aterrizando, Vicente Gil y Mario Duro, a quienes les dijo: "Ahorita vengo, voy a México…"

Pero ninguno de los tres volvió. El helicóptero colapsó alrededor de las 23:00 horas en una zona boscosa. Hinojosa García y los dos pilotos murieron en el percance debido a los golpes que sufrieron.

Una de las autopsias indicó que la causa de fallecimiento fue "laceración cerebral secundaria a un traumatismo craneoencefálico severo, contusión torácica abdominal profunda con laceración de hígado". La aeronave quedó totalmente destruida.

En su momento, la Procuraduría General de Justicia del Estado de México (PGJEM) informó que el accidente se registró en la sierra de Temoaya, cerca del cerro del Alpino, en el paraje Las Antenas.

La PGJEM abrió un expediente para investigar los hechos, y aunque nunca se difundieron públicamente las conclusiones, se atribuyó el accidente a la falta de visibilidad.

La familia del capitán Rodríguez López aseguró que los pilotos no estaban contratados directamente por Eolo Plus, sino que su sueldo era triangulado con la empresa Operadora Mexiquense, S. A. de C. V., una especie de *outsourcing* de Grupo Higa.

El 30 de julio de 2012, en la catedral de Toluca, Enrique Peña Nieto, Angélica Rivera, el gobernador Eruviel Ávila y demás políticos del PRI acudieron a una misa para despedir a Juan Armando Hinojosa García… Mientras que tres años después del accidente la familia del piloto Miguel Ángel

Rodríguez López aún pelea para que les paguen una indemnización por su fallecimiento.

La relación entre el círculo político de Enrique Peña Nieto y Grupo Higa no se limitó a residencias, renta de aviones y contratos multimillonarios para construir obras públicas... Una bodega ubicada en un parque industrial de Toluca, Estado de México, afianza la estrecha relación entre ese partido y las empresas de Juan Armando Hinojosa Cantú.

El almacén localizado en el número 108 de la calle Manuel M. Garduño, en el Parque Industrial San Antonio Buenavista, fue la primera propiedad de la empresa Ingeniería Inmobiliaria del Centro, la misma que después construiría la casa blanca para el presidente Enrique Peña Nieto y su esposa, Angélica Rivera.

Un tercer inmueble, una casona ubicada también en las Lomas de Chapultepec y adquirida en 2013, sería la tercera y, hasta ahora, última propiedad conocida a nombre de la compañía.

El Parque Industrial San Antonio Buenavista se encuentra en la zona metropolitana de Toluca, entre las avenidas Paseo Tollocan, la más importante de la zona, y Vicente Lombardo Toledano. La propiedad está a la mitad de la calle Manuel Martínez Garduño, con una malla de alambres como primera delimitación y una caseta de vigilancia a la entrada. A través de la malla se observa un portón negro, de unos cinco metros de altura, que es la entrada al almacén. La estructura de concreto de la bodega también está pintada de blanco, verde y, además, de rojo, los colores del PRI. Y junto al portón hay un basurero con el emblema del partido tricolor.

La bodega se extiende 72 metros al fondo por cerca de 23.5 de frente. El Instituto de la Función Registral del Estado da cuenta que el terreno está registrado con un área de casi 1 692 metros cuadrados.

Durante las primeras visitas que hizo este equipo fue atendido por el vigilante, quien dijo llamarse Gabriel Flores, y portaba un chaleco negro con un bordado en el lado izquierdo del pecho con la leyenda "Peña Nieto: Presidente 2012-2018", acompañado de los logos del PRI y del Partido Verde, partidos que conformaron la Coalición Compromiso por México en las campañas de 2012.

Al ser cuestionado sobre el tipo de actividad que se realizaba en el inmueble, Flores dijo a los reporteros que sólo podrían obtener informes en las oficinas del PRI:

—En el partido solamente —dijo el vigilante.

—¿El que está frente al registro de la propiedad? ¿Ahí están las oficinas del PRI?

—Ajá.

—¿Solamente ahí pudiera encontrar a alguien?

—Sí…

Frente al almacén ocupado por el PRI se encuentra una bodega del Instituto de Salud del Estado de México (ISEM). Una de las trabajadoras de esa institución confirmó, vía telefónica, que en la bodega se estacionaban vehículos del PRI:

—Sí, está aquí a un lado el almacén del PRI. Nosotros vemos que sacan mucho en los eventos, las camionetas dicen PRI.

En la misma calle hay otro predio relacionado con Ingeniería Inmobiliaria del Centro. Esa empresa registró el número 105 de la calle Manuel Martínez como sitio de labores y ahí llegó la Secretaría del Trabajo y Previsión Social a realizar una inspección, según el reporte de la inspección 135/000913/2014. Sin embargo, en el Instituto de la Función Registral, Ingeniería Inmobiliaria del Centro sólo aparece como propietaria del número 108.

El directorio telefónico de Telmex indica que Ingeniería Inmobiliaria del Centro tiene dos teléfonos registrados en el 108, exactamente donde está la bodega que el PRI usa. Ambos números aparecían junto con los tres registrados en Sierra Gorda 150, dirección de la casa blanca.

Al hablar a esos teléfonos contestan en el número 106 de la misma calle, no en el número 108. Quien atendió la llamada dijo que se trataba de una papelería y no quiso revelar de qué empresa se trataba. Pero confirmó que en el número 108 el PRI usa una bodega:

—Aquí es una bodega pero de papeles, de una papelería.

—¿No es la bodega del PRI?

—Está enfrente.

—Entonces me dice, el PRI está en el 108.

—Sí.

—¿Y ustedes?

—106.

Sin embargo, el mismo número telefónico fue registrado en la Sección Amarilla, a nombre de Ingeniería Inmobiliaria del Centro y con la misma dirección.

Un registro oficial del gobierno del Estado de México prueba que el PRI ocupó una bodega en el Parque Industrial San Antonio Buenavista. El directorio de ese parque industrial, hecho por el Fideicomiso para el Desarrollo de Parques y Zonas Industriales en el Estado de México (Fidepar), señala que el PRI tenía un lugar en esa zona. En la lista ocupa el lugar 31.

El Fidepar es un organismo que depende de la Secretaría de Desarrollo Económico del Estado de México. Su fin es desarrollar y promover los parques y zonas industriales para la entidad. En el directorio sólo se especifica que el PRI tiene una bodega, pero no se da la dirección exacta, su número telefónico ni el número de empleados, como sí ocurre con empresas que aparecen en el mismo registro.

Los periodistas consultaron al Fidepar, vía telefónica, para saber la dirección exacta que registró el PRI en ese directorio. Atendió la llamada la directora jurídica, quien dijo que no tenían datos exactos de ese directorio porque había sido elaborado en la administración pasada, es decir, en la que Enrique Peña Nieto fue gobernador.

Al preguntarle sobre el propósito de ese directorio, la directora jurídica del Fidepar dijo que, posiblemente, se trataba de un directorio en el que las empresas del parque industrial podían encontrar números de teléfono de empresas que le fueran útiles. Señaló el caso de Coppel o Iusacell, que aparecen en el mismo registro que el PRI.

Ese directorio estuvo disponible hasta febrero de 2015. Después de que los periodistas llamaron al Fidepar para cuestionar sobre el registro del PRI en sus bases de datos, el directorio desapareció de su página de internet.

La búsqueda sobre la bodega continuó. Los periodistas llamaron por teléfono a las oficinas del PRI estatal y pidieron algún número telefónico para hablar a la bodega del partido. Un funcionario del área de Recursos Materiales proporcionó un número telefónico que estaba en sus registros:

—A ver si es ése, porque es el único dato que tenemos.

—¿Ésta es la bodega que está enfrente de la bodega del Edomex de Salud?

—Me parece que está cerca.

Una llamada a ese número y quien contestó afirmaba que se trataba de la bodega de la calle Manuel Martínez Garduño:

—Sí, ¿estoy hablando a la bodega…?

—Sí… Sí, dígame.

—Sí, me dieron el teléfono del Comité Estatal de Recursos Materiales.

—¿Quiere el teléfono de ahí?

—No, de Recursos Materiales me mandaron a este número. Yo quería hablar con el señor Gabriel (Flores, el vigilante). ¿Sí está trabajando en la bodega de la calle Manuel Garduño?

—No se encuentra por el momento.

—¿Pero sí es la calle Manuel Martínez Garduño?

—Sí.

—¿Ahí en San Antonio Buenavista?

—Sí, señor.

Con estos datos se pidió una postura al PRI nacional, al PRI estatal y al PRI de Toluca sobre la posesión y la presencia de empleados del partido en esta bodega, propiedad de Grupo Higa. El PRI nacional y el estatal negaron que su partido utilizara cualquier propiedad del empresario Juan Armando Hinojosa Cantú. El PRI de Toluca nunca volvió a recibir llamadas del equipo, después de que se les informó sobre el contenido de la investigación.

El 2 de marzo de 2015 los reporteros acudieron de nuevo a la bodega. Pero encontraron que ya estaba desmantelada, sin la estructura de metal del patio, las insignias del PRI habían desaparecido y no había movimientos de personal, como ocurría en las visitas que se hicieron durante los meses anteriores.

Al llamar de nuevo a la bodega un hombre que se identificó como Jacobo Sánchez dijo que hubo un cambio reciente en el número 108 de la calle Manuel Martínez Garduño.

—¿Estoy hablando a la bodega del 108 de la calle Manuel Martínez?

—Sí, pero ya no es. ¿Qué deseaba, perdón?

—¿Era el 108?

—Ajá.

—Entonces, apenas ocurrió el movimiento.

—Sí, no tiene mucho…

Casas, contratos multimillonarios de obra pública, vuelos privados, impresión de material de campaña, una bodega… Grupo Higa se convirtió en uno de los principales socios del PRI en tiempos de Enrique Peña Nieto.

La noche del jueves 11 de diciembre de 2014 el diario estadounidense *The Wall Street Journal* reveló que Grupo Higa vendió a Luis Videgaray una casa en el Club de Golf Malinalco. Un día después, el secretario dio una entrevista a Carmen Aristegui, titular de la Primera Emisión de Noticias MVS.

El funcionario dijo que tenía una relación de tipo social con Hinojosa Cantú desde hacía varios años, pero que eso no influyó en la compra de la casa.

Según la versión de Videgaray, la compra de la casa se dio en octubre de 2012, durante el periodo de transición presidencial, cuando él no era servidor público, aunque nunca ha presentado el contrato privado.

Pero en el Instituto de la Función Registral mexiquense esa fecha no aparece.

Según los datos ahí disponibles, Videgaray y H&G firmaron la escritura de compraventa ante notario público el 28 de noviembre de 2013, es decir, 13 meses después de que supuestamente se firmó el contrato privado.

El secretario de Hacienda reportó la liquidación del crédito por 7.5 millones de pesos con H&G el 25 de noviembre de 2014, exactamente 16 días después de que se dio a conocer el reportaje sobre la casa blanca de Enrique Peña Nieto y Angélica Rivera.

Según la notificación que dio al Instituto de la Función Registral, el adeudo se habría cubierto desde el 31 de enero de 2014, pero tardó 10 meses en reportarlo.

El secretario de Hacienda nunca respondió a las preguntas sobre las fechas de registro de las propiedades.

La investigación de la Secretaría de la Función Pública sobre un posible conflicto de intereses entre el presidente, su familia y el secretario de Hacienda con Grupo Higa contempló desde el primer día en que entró en funciones el actual gobierno federal.

María Marván, consejera del extinto IFE durante 2012, opinó para este libro que podría revisarse si hubo una subfacturación a favor del PRI, si se pagó menos de lo que constaron los vuelos en helicóptero durante la campaña.

—Una cosa es que la constructora no haya tenido ganancias por la venta de la casa en Malinalco, lo cual no parece demasiado grave, porque cualquiera puede tener un mal día… Pero lo que es realmente grave es la tasa de interés —consideró.

Otro ex consejero del IFE, Alfredo Figueroa, también contempló que podría analizarse si los recursos públicos por obras de Grupo Higa en el Estado de México, o al menos una parte de ellos, se pudieron inyectar a la campaña de Peña Nieto.

El 18 de marzo de 2015, apenas unos días después del despido de Aristegui y su equipo, *The Wall Street Journal* publicó lo que este equipo de investigación ya no pudo: Grupo Higa vendió a Videgaray la casa de Malinalco sin obtener ganancias.

Dos meses más tarde, en mayo del mismo año, en el Instituto de la Función Registral del Estado de México aparecieron los documentos traspapelados de la casa que habían sido solicitados.

Los papeles arrojaron más datos sobre la operación de Grupo Higa con el círculo de Peña Nieto: las oficinas de Bienes Raíces H&G están ubicadas en José Vicente Villada 125, en Toluca, la misma dirección que visitó el reportero Rafael Cabrera cuando dio con una de las oficinas de Hinojosa Cantú.

Y había algo más: el representante de H&G era Arturo Reyes Gómez, el mismo personaje encargado de los trámites y permisos para la construcción de la casa blanca de Peña Nieto y Rivera, pero a nombre de otra filial: Ingeniería Inmobiliaria del Centro.

Como el mito de la hidra a la que se le cortaba una cabeza y le salían dos más…

Aquel viernes 13 de marzo de 2015, desde la cabina de Noticias MVS que ocupó durante seis años, Carmen Aristegui dijo que habían estado en contacto con Luis Videgaray porque no quedaba claro cómo fue que compró la casa y por qué obtuvo una tasa preferencial de un contratista del gobierno mexiquense cuando fue encabezado por Peña Nieto.

—Esto es asunto evidentemente importante para nosotros, no se trata de poner esto en el cajón. Imagínese que entonces, porque sucede lo que sucede, nosotros digamos: "¿entonces no lo sacamos o cómo?" La apuesta es porque sí. La apuesta es por continuar en este trabajo, este compromiso con la audiencia. Espero que tengamos las condiciones necesarias para seguir desarrollando este trabajo editorial que, en este momento, se ha visto dañado, afectado seriamente...

Aristegui hizo una breve pausa, vio el reloj digital de números rojos que había tenido frente a ella durante años y mandó a corte comercial ante el micrófono que la acompañaba a diario:

—Nueve con dieciséis, tiempo del centro. Regresamos...

Cuarenta y cuatro minutos después, el programa acabó. Fue el último...

HINOJOSA CANTÚ, EL CONTRATISTA DEL PRESIDENTE

Alto, quizá unos centímetros más de 1.85 metros. Robusto, no obeso, pero con sobrepeso evidente. Frente amplia, con entradas profundas en su cabellera negra que han ido avanzando con los años. En apariencia bonachón, sonriente. O al menos así luce en las escasas fotografías que se conocen de él. Cuando no viste de traje y corbata, usa *jeans*, camisas *sport* y una cazadora de cuero tono tabaco. A veces cubre sus ojos con gafas oscuras.

Pero en realidad, de Juan Armando Hinojosa Cantú poco se sabe. Es un hombre discreto, reservado al momento de exponer su vida. No se conoce ninguna entrevista que haya concedido para hablar de sus negocios. Mucho menos se sabe cómo es el tono de su voz.

Algunos datos que sí se pueden corroborar de él: nació el 3 de enero de 1956 en Reynosa, Tamaulipas. Sus padres,

Óscar Hinojosa Sánchez y Dora Patricia Cantú Moreno. Él, constructor. Ella, dueña de Valle de la Paz, el negocio funerario más importante de aquella ciudad. Fue el segundo de tres hijos; su hermano mayor, Óscar, y la menor, Thelma Ileana.

De profesión ingeniero mecánico administrador. Pero al paso de los años Juan Armando siguió los pasos de su padre y dedicó su vida a la construcción.

Se casó hacia finales de la década de los setenta con María Teresa García Cubría. Juntos tuvieron tres hijos: María Teresa, la mayor, Juan Armando, *Juanito*, el segundo —igual que él—, y María Fernanda.

Quienes lo han llegado a conocer lo califican de soberbio y buen negociador, de tener labia y ser un gran anfitrión, de haber sido un pequeño empresario para convertirse en el millonario que es ahora. Otros se refieren a él como el compadre del presidente Enrique Peña Nieto. Y aunque nadie ha demostrado ese vínculo entre ellos —con fe de bautizo o documento de por medio—, o si la palabra sólo debe tomarse por su acepción de amistad, el mote ya forma parte de su imagen pública. El compadre, el contratista del presidente.

De él sólo hay silencio. No importa cuántas veces se le pidan entrevistas. Tampoco que su empresa haya perdido un contrato por 3 750 millones de dólares para construir el tren de alta velocidad México-Querétaro. O que su nombre y empresa ahuyenten a socios e inversionistas para la construcción del nuevo aeropuerto de la ciudad de México. Él permanece callado, en blanco, justo como el color que recubre la casa que construyó para el presidente y su esposa, Angélica Rivera, y que lo tiene bajo el señalamiento de un presunto conflicto de interés en el más alto nivel de la política nacional.

Juan Armando Hinojosa Cantú y familia dejaron Tamaulipas durante la década de los ochenta y llegaron a vivir al Estado de México. El año exacto no se conoce, pero ocurrió entre 1981 y 1986, durante la administración del gobernador priista Alfredo del Mazo González. Desde entonces el empresario quedó ligado a los gobiernos del PRI en aquella entidad. Tres décadas, casi la mitad de su vida.

En la transición de la familia al Estado de México hay una figura fundamental: David López Gutiérrez, ex jefe de Comunicación Social del presidente Peña Nieto. Su segundo nombre es Epifanio, pero quienes lo conocen saben que prefiere omitirlo. David es originario de Culiacán, Sinaloa, a nada del océano Pacífico. Juan Armando era del lado opuesto, pegado al Golfo de México. Pero la política y sus acuerdos los llevaron a encontrarse.

Del Mazo González era hijo del ex gobernador del Estado de México, Alfredo del Mazo Vélez, pero prácticamente no conocía a la clase política mexiquense e incluso estaba confrontado con su predecesor, Jorge Jiménez Cantú. Después de graduarse de Administración de Empresas en la UNAM, en 1967, cursó especialidades en Estados Unidos y Chile. Sus primeros trabajos fueron en la iniciativa privada, después se sumó a la Secretaría de Hacienda y Crédito Público (SHCP) y de 1979 a 1981 fue director general del Banco Obrero. De política en el Estado de México, su experiencia era nula.

Cuenta el periodista Francisco Cruz, especializado en política de aquella entidad, que en 1981 el favorito en el PRI para ser el candidato a gobernador era Juan Monroy, originario del municipio de Atlacomulco, ahí donde nació Peña Nieto en 1966. Sin embargo, Del Mazo González logró la candidatura gracias al espaldarazo que recibió del presidente José López Portillo y del PRI nacional. Pero obtener la candidatura en realidad significaba ganar en automático la elección. Ningún otro partido más que el PRI y su antecesor, el Partido Nacional Revolucionario, ha gobernado ahí desde 1925. Su triunfo fue descomunal: ganó con 82.4 por ciento de los votos.

Del Mazo González asumió el cargo de gobernador el 15 de septiembre de 1981 en una ceremonia realizada en Toluca, a la cual asistió el presidente López Portillo. Su primera decisión ejecutiva fue desaparecer un escuadrón de motopatrulleros ligado con casos de corrupción, de acuerdo con las ediciones de *El Sol del Valle de México*, que resguarda la Hemeroteca Nacional de México. Pero su poca conexión con la clase política local lo obligó a crear un gabinete con políticos de perfil nacional y grados académicos en escuelas extranjeras. En esa ola de políticos llegó David López Gutiérrez y con él… Juan Armando Hinojosa Cantú.

López fue el primer titular de la Dirección de Comunicación Social que creó Del Mazo González, área en la que desarrolló su carrera durante décadas. Para ese entonces Juan Armando y él no tenían mucho dinero y apenas iniciaban sus carreras.

Viernes 15 de enero de 1988. La fecha es clave en la carrera empresarial de Juan Armando Hinojosa Cantú. Ese día él, su esposa, Teresa García, y sus socios Benjamín Monroy Díaz, Jorge Becerril Guadarrama y Graciela Díaz Arriaga acudieron a la Notaría 9, de Toluca, para crear su empresa Publicidad y Artículos Creativos, S. A. de C. V., mejor conocida como PACSA. Aquella razón social es la primera empresa de la que se tiene registro. Una de tantas como una enredadera de la que brotaron constructoras, inmobiliarias, alquileres de aviones, bienes raíces y otras que, se estima, alcanzan 29 razones sociales.

La empresa fue creada con un capital de cinco millones de pesos de aquella época (unos 2 188 dólares de entonces). Cada uno de los cinco socios aportó un millón de pesos. El objeto de la empresa era la impresión de señalizaciones para el exterior e interior, anuncios publicitarios y estampado en papel, plástico, llaveros, telas y demás materiales.

El periodista toluqueño Miguel Ángel Alvarado afirmó que en un principio PACSA era una pequeña compañía, pero creció gracias a los contratos de publicidad que le adjudicaba David López Gutiérrez desde el gobierno del Estado de México.

En aquella época la empresa no estaba en las oficinas de la calle José Vicente Villada, en el centro de Toluca, sino que ocupaba una pequeña oficina en la calle Ignacio López Rayón, en la misma zona.

Veintisiete años después la empresa sigue activa. En su página de internet presume tener entre sus clientes al equipo de futbol Diablos Rojos de Toluca, Telmex y Telcel, Pemex, la cervecería Corona, las automotrices Volvo y Nissan, el Tecnológico de Monterrey y Coca-Cola, entre otros. Mientras que entre sus clientes del sector público están el Instituto Electoral del Estado de México, el gobierno de la misma entidad y, por supuesto, el PRI nacional y estatal.

Entre abril y julio de 2011, tiempo durante el cual Luis Videgaray fue presidente del PRI en el Estado de México, PACSA obtuvo contratos por parte del partido para la impresión de lapiceras, reglas, vasos, sandwicheras y botellas de agua, por casi 142 000 pesos. El último trabajo de la empresa del que se tenga registro fue la impresión de 2 000 *tuppers* para la campaña presidencial del PRI en 2012, por 58 000 pesos.

Contratos pequeños, pero que afianzan la relación entre Hinojosa Cantú y Peña Nieto.

Arturo Chavarría Sánchez, presidente del Colegio de Arquitectos y Urbanistas del Estado de México, afirmó que Hinojosa Cantú hizo fama por fabricar los señalamientos viales en las obras carreteras del Estado de México, sobre todo en la década de 1990. De esa forma, el apellido Hinojosa comenzó a ganar arraigo en Toluca, junto a familias que tradicionalmente han sido proveedoras del gobierno, como los Alcántara y Maccise.

"Hinojosa hacía señalamientos viales, ése era su fuerte, pero como se pegó durante mucho tiempo a la Secretaría de Comunicación y a la Junta de Caminos, ahí conoció a los grupos organizados del gobierno", contó Chavarría.

Antes de terminar su sexenio Alfredo del Mazo fue llamado por el presidente para ocupar la Secretaría de Energía, Minas e Industria Paraestatal de abril de 1986 a marzo de 1988. El ex gobernador se llevó a David López para que fuera su director de Comunicación Social. Pero antes de dejar el Estado de México Del Mazo sumó como subsecretario de Gobierno a una figura que sigue vigente en la política nacional: Gerardo Ruiz Esparza. El mismo que, casi tres décadas después, estaría inmerso junto con Hinojosa Cantú en el escándalo de la casa blanca y su conexión con el tren de alta velocidad México-Querétaro.

En el gabinete de Del Mazo González también estuvo Carlos Fernando Almada López, como secretario de Administración. Durante la presidencia de Peña Nieto aquel político se desempeñó como subsecretario de Transporte en la SCT, dirigida por Ruiz Esparza, y su principal responsabilidad fue el proyecto del tren México-Querétaro, cuya primera licitación fue ganada por un consorcio chino aliado con Constructora Teya, de Grupo Higa.

Después de la cancelación definitiva del proyecto, tras el escándalo por la casa blanca y un recorte presupuestal, el presidente Enrique Peña Nieto propuso a Almada López como embajador de México en Japón y el Senado de la República lo avaló.

En el año 2000, este mismo personaje fue acusado por el Gobierno de Presidente Fox de estar involucrado en el caso Pemexgate. En ese entonces, el sindicato petrolero transfirió ilegalmente recursos públicos cercanos a 1500 millones de pesos para la campaña del candidato del PRI a la Presidencia, Francisco Labastida Ochoa. No obstante, logró sacudirse los cargos mediante un amparo.

Para el arquitecto Chavarría Sánchez y los periodistas Francisco Cruz y Miguel Ángel Alvarado, las décadas de 1980 y 1990 fueron de crecimiento moderado en las empresas de Juan Armando Hinojosa. Se le conocía como un empresario modesto que tenía pequeños contratos con la administración estatal.

Su ascenso comenzó con la llegada de Arturo Montiel Rojas a la gubernatura, en 1999. Pero su *boom* económico se dio durante el gobierno de Enrique Peña Nieto.

"Juan Armando Hinojosa Cantú llegaba como cualquier emprendedor, en su camionetita y sus buenas relaciones...", así lo recuerda Arturo Chavarría. Pero su juicio sobre el empresario también puede ser incisivo: "Lo que le ayuda es que él es una especie como de bufón, hacer pasar ratos muy amenos, muy agradable, tiene mucha labia y sabe ganarse a la gente".

Durante la década de los noventa las subsidiarias de Grupo Higa construían poco, nunca a gran escala: "Pero empieza a hacerlo cuando llega Montiel, quien hizo obras en el estado".

Entre 1999 y 2005 el ex gobernador priista se comprometió con la Cámara de la Industria a formar un gran consorcio de empresas mexiquenses para que construyera la obra financiada por el gobierno estatal. De ese modo surgió el Consorcio Integrador del Ramo de la Construcción, un grupo de 40 empresas aglutinadas en la Cámara Mexicana de la Industria de la Construcción (CMIC), que a su vez estaba formado por arquitectos, empresarios locales e incluso académicos de la Facultad de Ingeniería de la Universidad Autónoma del Estado de México (UAEM).

"El primer concurso que se hizo fue para el Centro Médico del Instituto de Seguridad Social del Estado de México y Municipios (ISSEMYM). Ésa era la cereza del pastel de las aspiraciones a la presidencia de Montiel", recordó Chavarría.

Arturo Montiel designó a su sobrino, Enrique Peña Nieto, como su secretario de Administración. Constructora Teya, la misma que después ganó y perdió la licitación del tren México-Querétaro, fue la ganadora de la construcción del Centro Médico ISSEMYM. La obra empezó con un presupuesto de 193 millones, pero acabó en más de 255, un sobreprecio de 32 por ciento.

En la glosa del tercer informe de Montiel como gobernador, el diputado panista José Valladares Monroy preguntó sobre el sobreprecio de esta obra, pues ya con equipamiento la inversión total fue de 505 millones de pesos. El entonces secretario Peña Nieto dijo que la aplicación de los recursos fue conforme a la norma: el hospital "tuvo un costo total de 505 millones de pesos, luego de que 250 se invirtieron en la obra civil y el resto en equipamiento médico", se puede leer en un boletín de la legislatura mexiquense.

En el incremento del costo de la obra nunca se investigó un posible desfalco.

El hospital se inauguró en 2003 y se bautizó como Centro Médico ISSEMYM Arturo Montiel Rojas. Hasta la fecha, al pasar por Paseo Tollocan se puede apreciar el nombre del ex gobernador en letras doradas.

La relación de negocios entre los empresarios y el gobernador se mantuvo durante todo el sexenio. El 26 de julio de 2005, cuando Montiel afinaba los últimos pasos para dejar el gobierno mexiquense y buscar la candidatura tricolor a la Presidencia de la República —aspiración que perdió ante Roberto Madrazo—, se reunió con los líderes de la CMIC.

Nezahualcóyotl Salvatierra López, presidente nacional de la Cámara, agradeció el apoyo dado durante todo el sexenio y anunció que el gremio apoyaría su candidatura presidencial:

A tan sólo unos meses de concluir su gestión señor gobernador, vemos gratamente que el resultado de su trabajo está dando buenos frutos, las grandes obras son palpables, el crecimiento regional es evidente, los ataques a la delincuencia son frontales y certeros (...). Estamos seguros que su apoyo ha contribuido para fortalecer la unión de los constructores en el Estado de México. Y así, unidos le recuerdo que siempre seremos sus amigos.

Al terminar el acto Arturo Montiel recibió un casco de plata con la siguiente leyenda: "Lic. Arturo Montiel Rojas, Gobernador Constitucional, 'Constructor de Nuestra Entidad'".

Cuando ganó la elección de 2005 con 47.58 por ciento de la votación, Enrique Peña Nieto hizo un cambio importante en el Consorcio Integrador del Ramo de la Construcción. Básicamente, dejó a Grupo Higa al frente y las empresas de Hinojosa Cantú comenzaron a ganar la mayoría de las obras.

Chavarría recuerda: "Peña Nieto mantuvo la hegemonía del Consorcio Integrador, lo heredó de Montiel... Pero después Grupo Higa quedó a la cabeza, se sacudió al resto de empresas y comenzó a ganarles las obras a todos..."

Ahí, recuerda el arquitecto, Grupo Higa e Hinojosa Cantú tomaron una fuerza importante.

"Fue cuando Hinojosa Cantú se convirtió en el compadre de Peña Nieto, eso se dice... Bueno, en eso no nos metemos, pero eso se dice, así se le conoce..."

A la par, Juan Armando Hinojosa García, *Juanito*, comenzó una relación con Rosita Herrera Borunda. Se conocieron desde jóvenes en el ambiente priista y la relación acabó en matrimonio en 2007. Mientras estuvieron juntos, vivieron en un lujoso departamento en Lomas de Santa Fe. El divorcio llegó pronto, en 2011.

Quienes conocieron al matrimonio cuentan que el padre de Rosita y ex gobernador de Veracruz, Fidel Herrera, no simpatizaba en nada con su consuegro, Hinojosa Cantú.

Si durante la década de los ochenta el origen estuvo en PACSA, casi tres décadas después Grupo Higa había crecido como una enredadera o, quizá, le habían salido tentáculos.

Al menos 29 razones sociales estaban conectadas entre sí y en todas aparecía Hinojosa Cantú como presidente o accionista: renta de aviones, venta de artículos de papelería, asesoría de opinión pública, una casa de asistencia privada, administración de hospitales, construcción de autopistas y casas...

Un documento de la firma de contadores Cajal, Sen, Azcune y Compañía, obtenido por este grupo de periodistas, enlista todas las ramificaciones de Grupo Higa: Eolo Plus, Señales y Mantenimiento, Mezcla Asfáltica de Alta Calidad, Constructora Teya, Concretos y Obra Civil del Pacífico, Publicidad y Artículos Creativos, Gestión Integral de Hospitales de Zumpango, Autopistas de Vanguardia, Ingeniería Inmobiliaria del Centro, Prestadora de Servicios Estrella, Inmobiliaria del Fuerte de Toluca, Inmobiliaria Bicentenario, Constructora Higa, Bienes Raíces H&G,

Operadora Mexiquense, Autostrada Conservación de Infraestructura Vial, Autovías de Michoacán, Casa Hogar Sólo Sonrisas IAP, Centro de Servicio Aeronáutico Mexiquense, Chacoron, Conservadora de Autopistas y Vialidades, Constructora GIHZ, S. A. de C. V., Controladora en Servicios de Salud de Toluca, Desarrolladora de Hospitales Proan, Inmobiliaria Jurojin, Inmobiliaria Standard, Aerolíneas Primordiales, Concesionaria Atlacomulco Palmillas y Corporación Empresarial de Factor Humano...

La mayoría de esas compañías comparten direcciones fiscales, representantes legales y teléfonos, de acuerdo con contratos firmados en el Estado de México y en dependencias gubernamentales de orden federal.

Las compañías de Higa que se beneficiaron de los gobiernos de Peña son al menos 10 y estuvieron a cargo de construir vialidades, artículos de campaña y de la administración de hospitales. Esas empresas fueron: Eolo Plus, Constructora Teya, Concretos y Obra Civil del Pacífico, Mezcla Asfáltica de Alta Calidad, Publicidad y Artículos Creativos (PACSA), Gestión Integral de Hospitales de Zumpango, Constructora GIHZ, Autopistas de Vanguardia, Conservadora de Autopistas y Vialidades y Desarrolladora de Hospitales Proan.

Tan sólo en el Estado de México, por múltiples contratos, las filiales de Grupo Higa ganaron más de 8 000 millones de pesos durante el gobierno de Peña Nieto, de acuerdo con documentos entregados a través del sistema de transparencia del Estado de México.

Un servicio que también prestó, y que no se conocía, fue la elaboración de un estudio de opinión pública, cuyo contrato se firmó el 15 de marzo de 2005 con la Secretaría de Finanzas del Estado de México, mientras Arturo Montiel era gobernador y Enrique Peña Nieto era candidato del PRI a la gubernatura.

El estudio tenía como objetivo medir la opinión pública sobre la prestación de servicios públicos del Estado de México en 20 municipios. Por 1 375 000 pesos, Grupo Higa levantó un estudio durante 45 días, cuyo resultado debió servir para elaborar un reporte de la opinión pública y recomendaciones para el mejoramiento de los servicios de la Administración Pública Estatal, un área que había estado a cargo de Peña Nieto entre 2000 y 2002.

Ya con Peña Nieto en la Presidencia, la empresa Eolo Plus obtuvo siete contratos con dependencias del gobierno federal (las secretarías de Hacienda, Economía y Comunicaciones y Transportes), que en conjunto ascendieron a 26.4 millones de pesos.

Antes del sexenio de Peña Nieto Eolo Plus sólo había sido contratada por Pemex en cuatro ocasiones, por 8.8 millones de pesos; es decir, esa empresa de los Hinojosa triplicó sus ingresos de recursos federales de un sexenio a otro.

Higa intentó expandirse aún más. Pretendía participar en dos de las licitaciones más importantes del sexenio peñista. La construcción y puesta en marcha del tren de alta velocidad México-Querétaro y la construcción del nuevo aeropuerto de la ciudad de México.

El proyecto del tren se descarriló entre noviembre de 2014 y febrero de 2015. Y en cuanto al nuevo aeropuerto de la capital, Grupo Higa buscó ser parte de uno de los consorcios que lucharían por quedarse con el jugoso negocio de construir un enclave estratégico que quedaría terminado hasta el año 2050.

En septiembre de 2014 se conformó un consorcio de nueve empresas para competir por contratos del nuevo aeropuerto, entre ellas se encontraban Carso, ICA y Grupo Higa. Pero en enero de 2015 el servicio de noticias Bloomberg reveló que las empresas habían decidido abandonar la idea de presentar una propuesta conjunta y descartaron a la empresa de Hinojosa Cantú, tras la noticia de la casa blanca.

A la empresa, no obstante, le han tocado obras importantes durante el gobierno de Peña Nieto. Tras la publicación del reportaje de la casa de Sierra Gorda 150, el semanario *Proceso* reveló que Grupo Higa remodelaba el hangar presidencial en el aeropuerto de la ciudad de México. El contrato por 945 millones de pesos le fue asignado de manera directa y se encuentra reservado debido a que contiene datos de "seguridad nacional", según las autoridades.

Grupo Higa también construye obras para servicios públicos en varias entidades de México. Tal es el caso de la carretera Guadalajara-Colima, por 1332 millones de pesos. O el Acueducto VI Monterrey, una construcción de 386 kilómetros de largo para transportar agua desde San Luis Potosí,

Veracruz y Tamaulipas hasta Nuevo León, con un esquema de asociación público-privado, por la que se acabarán pagando 61 791 millones de pesos hasta el año 2041 (alrededor de 4 119 millones de dólares al tipo de cambio de 2015).

La obra, respaldada por Peña Nieto y el gobernador priista Rodrigo Medina, generó oposición entre los habitantes neoleoneses. De hecho, el mandatario electo, Jaime Rodríguez, *el Bronco*, anunció su cancelación por el costo y —desde su perspectiva— la poca justificación.

Para Arturo Chavarría Sánchez, presidente del Colegio de Arquitectos y Urbanistas del Estado de México, el Estado de México se convirtió en el "gran laboratorio" del PRI para hacer negocios:

> Cuando llegaron a la Presidencia pensamos que se iban a comportar. Pero ya vimos que piensan que están gobernando el país como si fuera el Estado de México. Ahora todos los estados y gobernadores hacen proyectos de prestación de servicios, siguiendo el ejemplo de Peña Nieto… El Estado de México fue su gran laboratorio durante años. Y no pasa nada, en el estado no hay castigados, no hay investigaciones, ningún castigo, nadie ha sido encarcelado…

El 6 de marzo de 2015 el presidente Peña Nieto hizo un cambio importante en su equipo: nombró a Eduardo Sánchez, su vocero, como director general de Comunicación Social en sustitución de David López Gutiérrez, quien fue integrado por el PRI nacional en su lista para diputado plurinominal federal por su natal Sinaloa. Era el fin de una carrera junto al presidente.

Aquel día, a López Gutiérrez le temblaba la boca mientras se despedía:

> Hace 10 años recibí de usted la honrosa invitación para hacerme cargo de la apasionante labor de coordinar las tareas de Comunicación Social del Gobierno del Estado de México. Terminada esa misión, tuve el gusto de acompañarle en ese mismo quehacer, primero como precandidato y después como candidato... Fueron días de emociones irrepetibles. El 1 de diciembre de 2012 me distinguió con el nombramiento de coordinador de Comunicación Social de la Presidencia. Culminó así una trayectoria de casi 40 años... Hoy se presenta la oportunidad de seguir sirviendo a mi país desde el Poder Legislativo. Para mí es hora de cambio y de gratitudes.

Cuatro días después de que Eduardo Sánchez llegó a la Dirección General de Comunicación Social de la Presidencia, el conflicto entre MVS y Carmen Aristegui detonó hasta el despido de la periodista y su equipo.

De Juan Armando Hinojosa Cantú se sigue sabiendo poco. Quienes lo conocen cuentan que ya no vive en Metepec, Estado de México, sino que se mudó a un departamento a la zona de Santa Fe, en la ciudad de México. Su bajo perfil contrasta con la exposición de su intimidad que hizo

Angélica Rivera a la revista *¡Hola!*, y que permitió a los periodistas descubrir la casa blanca de Sierra Gorda 150.

Pero él sigue discreto, alejado de los reflectores, sin dar
entrevistas, sin romper lo que pareciera un voto de silencio
sobre su relación con el presidente Enrique Peña Nieto.

En mayo de 2013 la revista *¡Hola!* presentó una entrevista exclusiva con Angélica Rivera como primera dama. En sus páginas interiores exhibieron una residencia nunca antes vista en otras revistas del corazón.

www.aragones.com.mx

La casa mostrada en la revista fue la misma que apareció fotografiada en el portal personal de Miguel Ángel Aragonés. El afamado arquitecto trató de ocultar la ubicación del domicilio titulando el proyecto como Casa La Palma.

El 14 de septiembre de 2011, Peña Nieto entregó el Hospital de Zumpango, que operará Grupo Higa hasta 2036. En la ceremonia, Juan Armando Hinojosa Cantú se mantuvo detrás del entonces gobernador del Estado de México.

El Estado Mayor Presidencial informó que cuidaba la residencia de Sierra Gorda 135, porque una de sus obligaciones es vigilar los sitios a los que acude Enrique Peña Nieto frecuentemente, como lo son sus despachos y casas.

Fotograma YouTube

El 18 de noviembre de 2014, Angélica Rivera se atribuyó la propiedad de Sierra Gorda 150 en un intento por deslindar a su esposo de un conflicto de intereses.

Miguel Dimayuga/Procesofoto

Enrique Peña Nieto transparentó toda su declaración patrimonial ante la presión ejercida por la prensa internacional y analistas políticos mexicanos para que aclarara su relación con Hinojosa Cantú y con las subsidiarias de Grupo Higa.

China Railway Construction y la firma Teya de Hinojosa Cantú formaban parte del consorcio que ganó la licitación del Tren México-Querétaro, sin que tuviera competencia alguna.

El 6 de noviembre de 2014, Gerardo Ruiz Esparza, secretario de Comunicaciones y Transportes, anunció la cancelación temporal de la construcción del tren de alta velocidad, argumentando que tratarían de brindar mayor transparencia al proceso, justo cuando estaba por publicarse la investigación en Aristegui Noticias.

Agencia Reforma

En mayo de 2015, Peña Nieto nombró a Virgilio Andrade secretario de la Función Pública y le encargó investigar un posible conflicto de intereses por la construcción de la casa blanca.

Los hermanos Joaquín y Alejandro Vargas pidieron a Carmen Aristegui su comprensión para que no transmitiera el reportaje sobre la casa de Sierra Gorda 150.

Hinojosa Cantú vendió una residencia de descanso al secretario de Hacienda, Luis Videgaray, en 7.5 millones de pesos, sin obtener un peso de ganancia y con una tasa de interés preferencial.

Félix Márquez/Cuartoscuro

El despido de Aristegui provocó efervescencia entre su audiencia, algunos de ellos se manifestaron frente a las instalaciones de Noticias MVS.

Durante la manifestación la gente mostró pancartas en las que señalaron al gobierno de Enrique Peña Nieto como el responsable de la salida de la periodista y su equipo.

Carlos Almada, entonces sub-secretario de Transporte, se reunió con empresarios chinos en agosto de 2014, en el periodo de licitación del Tren México-Querétaro. Ahora es embajador de México en Japón.

David López trabajó con Enrique Peña Nieto desde 2005; luego del escándalo de la casa blanca fue removido del gabinete.

A la izquierda se aprecia a Roberto Calleja, funcionario de Presidencia de la República, quien fue informado por el vocero del DIF, Luis Tello, sobre la existencia del reportaje.

USTED DISCULPE

Nada. Ni una sola mención, ninguna referencia. Para la Secretaría de la Función Pública (SFP) el reportaje original publicado en Aristegui Noticias sobre la casa blanca no fue digno de ser citado en la investigación sobre conflicto de interés entre la familia presidencial y Grupo Higa, a pesar de que dicha indagatoria —irónicamente— fue originada por la publicación periodística.

El resultado de la investigación fue presentado a la sociedad el viernes 21 de agosto de 2015, por el titular de la dependencia, Virgilio Andrade, en una maratónica conferencia de prensa que se alargó durante casi tres horas. Hubo premura para organizar la presentación, pues el área de prensa estuvo llamando durante la madrugada a reporteros y medios para citar al evento.

Se trató de un expediente de más de 60 mil fojas cuyo resultado, en realidad, a nadie sorprendió: la SFP determinó que nunca hubo un conflicto de interés.

Si somos exactos, la investigación periodística publicada por Aristegui Noticias el 9 noviembre de 2014 no incluyó una acusación por conflicto de interés ni corrupción. Esas palabras nunca aparecieron en el cuerpo del texto o en el video que hasta el momento de cerrar este libro tenía más de 5 millones 558 mil visitas. El texto se avocó a mostrar hechos, no a calificarlos. El reportaje se dedicó a documentar, no a acusar. Fueron los especialistas en rendición de cuentas, abogados, politólogos y, sobre todo, los medios de comunicación internacionales quienes señalaron un conflicto de intereses entre Peña Nieto y el dueño de Grupo Higa, Juan Armando Hinojosa Cantú.

La exoneración oficial no se limitó a Peña Nieto, también alcanzó a Angélica Rivera y al secretario de Hacienda, Luis Videgaray, quien también compró una casa a Grupo Higa en el club de golf Malinalco. Así fue como la SFP sustentó el carpetazo del caso:

1. Angélica Rivera fue la propietaria de la casa y tuvo suficiente dinero para comprarla gracias a su trayectoria como actriz de telenovelas. Sus ingresos los comprobó con el finiquito que le dio Televisa por 88 millones 631 mil 200 pesos, más IVA. Ese finiquito incluyó también la casa de Paseo de las Palmas 1325, ubicada justo a espaldas de la casa blanca.

2. La casa blanca, ubicada en Sierra Gorda 150, Lomas de Chapultepec, fue comprada en enero de 2012, cuando Peña Nieto aún no era presidente.

3. Desde que tomó protesta como presidente (el 1 de diciembre de 2012), Enrique Peña Nieto y su esposa no adquirieron inmuebles.

4. Las propiedades de Peña Nieto y de Angélica Rivera —incluida la casa blanca— no fueron ampliadas o, en general, mejoradas por Grupo Higa a cambio de contratos con el gobierno.

5. El 11 de diciembre de 2014, Angélica Rivera canceló el contrato de compra de la casa de Sierra Gorda 150 con Ingeniería Inmobiliaria del Centro. Grupo Higa devolvió a la primera dama los pagos hechos y ella entregó 10.5 millones de pesos a manera de compensación.

6. Enrique Peña Nieto no influyó para que en el gobierno federal se otorgaran 33 contratos a favor de las filiales de Grupo Higa entre las que estuvo Constructora Teya, la cual había ganado la licitación del tren de alta velocidad México-Querétaro.

La mañana de aquel viernes 21 de agosto, los reporteros acorralaron a Virgilio Andrade con preguntas: ¿Por qué la SFP no interrogó a Angélica Rivera? ¿Compareció Hinojosa Cantú? ¿Indagaron los vínculos previos cuando el presidente fue gobernador en el Estado de México? ¿Alguien vio los correos electrónicos de los funcionarios involucrados en el otorgamiento de contratos? ¿Revisaron las relaciones de amistad del presidente? ¿Auditaron los contratos? ¿Interrogaron al presidente? ¿Supieron si la primera cancelación del tren de alta velocidad fue por el descubrimiento de la casa blanca?

Como un náufrago aferrado a una tabla, Virgilio Andrade resistió la tormenta de preguntas. Una y otra vez repitió que de acuerdo con las leyes mexicanas, Peña Nieto sólo podía ser investigado a partir de que tomó protesta como presidente. "En el marco legal mexicano…", insistió ante los cuestionamientos de corresponsales extranjeros, en cuyos países las estrictas legislaciones han enviado a prisión o motivado la destitución de funcionarios por casos mucho menores. Pero México no es el primer mundo.

Los periodistas también hicieron a Andrade una pregunta de fondo: si al presidente mexicano sólo se le puede investigar por traición a la patria y delitos graves del orden común, ¿cuál era el sentido de investigar a Peña Nieto si no se le podía fincar responsabilidad en caso de ser hallado culpable? La investigación estaba condenada al fracaso desde el inicio, era una falla de origen. Y de nuevo, Virgilio Andrade se afianzó a su tabla y repitió: "En el marco legal mexicano…".

Otros periodistas cuestionaron: ¿por qué no se formó el consejo de expertos que pidió el presidente para indagar el caso? Andrade asumió su responsabilidad: fue él quien decidió que no era necesario, pero el expediente quedaba al escrutinio público para ser revisado. Sin embargo, en términos legales, el caso quedaba cerrado.

En el expediente del caso, consta que el 8 de junio de 2015 la SFP envió a Los Pinos un oficio a Peña Nieto, con folio 0000123, para que respondiera una serie de cuestionamientos. El documento decía:

Informe a esta Secretaría la intervención que, en su caso, haya tenido en la adquisición de los inmuebles ubicados en la calle de Sierra Gorda 150 y 160, en la colonia Lomas de Chapultepec, Delegación Miguel Hidalgo, Distrito Federal, aportando la documentación con la que cuente en relación con su intervención.

El presidente tardó ocho días en responder. En su respuesta del 16 de junio a la SFP se leía:

Como se desprende del oficio en el que se me solicita información, en relación con los inmuebles, ubicados en la calle se Sierra Gorda 150 y 160 de la colonia Lomas de Chapultepec, Distrito Federal, los actos jurídicos los llevó a cabo mi esposa, la señora Angélica Rivera Hurtado, con su patrimonio y con quien me encuentro casado bajo el régimen de separación de bienes.

En atención a lo anterior, estimo que ella cuenta con la información y los documentos relacionados con esa operación.

Eso fue todo. A lo largo de los miles de documentos contenidos en 17 expedientes no se interrogó de nuevo a Peña Nieto. Tampoco se incluyó algún testimonio de Angélica Rivera. Lo mismo sucedió con el empresario Juan Armando Hinojosa Cantú, aunque en este caso su representante legal atendió preguntas por escrito relacionadas con las fechas, condiciones y los montos de compra de la casa.

Ante las preguntas de los corresponsales extranjeros, Virgilio Andrade insistió en que a Peña Nieto sólo podía investigarlo en su calidad de presidente y no desde antes, cuando fue gobernador del Estado de México entre los años 2005 y 2011.

La investigación que publicó Aristegui Noticias documentó que la relación empresarial de Hinojosa Cantú y Grupo Higa en aquella entidad se fortaleció justo en la gestión de Peña Nieto. Sin embargo, los hechos descritos en el reportaje no fueron tomados en cuenta. Al excluir la indagación periodística, Andrade borró los siguientes hechos que son el núcleo del tema:

1. En noviembre de 2008, un día después de que Peña Nieto admitió en un programa de televisión que Rivera y él sí eran novios, Grupo Higa creó la empresa Ingeniería Inmobiliaria del Centro. Durante mucho tiempo, la casa blanca fue su única obra en el Distrito Federal. En ese momento, Peña Nieto era gobernador del Estado de México y Grupo Higa contratista de su administración.

2. En noviembre de 2009, cuando Peña Nieto y Rivera eran novios y ya tenían planes para casarse, la empresa Ingeniería Inmobiliaria del Centro compró el primer terreno de Sierra Gorda 150 para construir la casa blanca. Este terreno se encuentra justo detrás de la casa de Rivera en Paseo de las Palmas 1325. La compra de este terreno se dio a la par de que Grupo Higa tenía contratos con el gobierno de Peña Nieto en el Estado de México.

3. Durante la gubernatura de Peña Nieto, Grupo Higa ganó contratos para construir autopistas, hospitales, obras viales, entre varios más. Un ejemplo es el ya mencionado Hospital de Especialidades de Zumpango, por el que deberán pagarse 600 millones de dólares hasta 2034.

4. Estos contratos se dieron al mismo tiempo que Peña Nieto y Rivera pactaron, en su círculo familiar, la construcción de la casa con el dueño de Grupo Higa.

5. El 27 de junio de 2010, la empresa registró la manifestación de construcción ante la delegación Miguel Hidalgo del Distrito Federal. El arquitecto que diseñó la casa, Miguel Ángel Aragonés, confirmó que Peña Nieto, siendo gobernador en funciones, participó personalmente con Rivera en el diseño de la casa.

6. La pareja se casó el 27 de noviembre de 2010, por bienes separados. Y 17 días después, el 14 de diciembre de ese mismo año, la empresa de Grupo Higa compró un segundo terreno para ampliar la obra de Sierra Gorda 150. Peña Nieto continuaba siendo gobernador y su administración tenía contratos con Grupo Higa.

7. Ese mismo 14 de diciembre de 2010, según consta en el Registro Público del Distrito Federal, la empresa Televisa transfirió la propiedad de Paseo de las Palmas 1325 a nombre de Angélica Rivera. Aunque llevaba viviendo ahí desde mediados de 2009, como lo dijo a diversas revistas de sociales, la casa fue legalmente suya hasta que se casó con Peña Nieto.

8. La residencia de Sierra Gorda 150 siempre estuvo a nombre de Grupo Higa, y nunca se registró de manera pública que Rivera estuviera en proceso de comprarla. Ese dato siempre se mantuvo oculto.

9. Por medio de solicitudes de información pública hechas durante agosto 2014, la Presidencia de la República y la SFP señalaron que los bienes de Rivera eran confidenciales. En la solicitud se preguntó específicamente por la casa blanca, pero se informó que los datos no podían difundirse.

10. En septiembre de 2011 Peña Nieto dejó el gobierno del Estado de México. La construcción de la casa blanca continuó durante el periodo de la precampaña y la campaña electoral. La obra se concluyó el 22 de agosto de 2012, mes y medio después de que el mexiquense ganó la presidencia.

11. Durante la campaña, Peña Nieto usó helicópteros y aviones de Grupo Higa para su transporte a lo largo del país.

"Las relaciones no están prohibidas. Se tiene que demostrar la materialización de los beneficios", dijo Virgilio Andrade aquella mañana del 21 de agosto. A cada pregunta, tenía un argumento para escudarse. Aun dentro de la propia frontera legal que trazó el secretario, el resultado de su investigación no desmintió el corazón del reportaje: uno de los contratistas emblemáticos del Estado de México construyó una residencia a gusto de Peña Nieto —entonces gobernador de la entidad— y su esposa. Posteriormente, una empresa de ese mismo contratista ganó la fallida licitación del tren de alta velocidad México-Querétaro.

El objetivo del reportaje de la casa blanca fue documentar hechos de interés público que nunca fueron desmentidos por el gobierno federal, y que de otra manera hubieran permanecido ocultos para la sociedad. Entre muchas otras, ésa es una función social del periodismo.

En el ya famoso video de YouTube que se difundió la noche del 18 de noviembre de 2014, Angélica Rivera admitió que le pidió personalmente a Juan Armando Hinojosa Cantú que le construyera una casa y que no se la pagaría hasta que estuviera concluida:

> En 2009, inicié la búsqueda de un terreno. Efectivamente, conocí a Juan Armando Hinojosa Cantú como he conocido a muchos otros empresarios, artistas, profesionales y a otras personas. Por las actividades a las que se dedica, le comenté que quería adquirir un terreno y construir una casa…

Rivera nunca relató cómo conoció a Hinojosa Cantú, quién se lo presentó y por qué lo eligió precisamente a él. En su defensa, agregó lo siguiente:

> Acordamos que una de sus inmobiliarias adquiriera un terreno y construyera la casa a mi gusto y con el arquitecto de mi elección. Yo me comprometí a que, una vez terminada la casa, celebraríamos un contrato de compraventa.

Hinojosa Cantú se encargó de esa tarea sin pedir pago alguno durante casi dos años y medio. De ese modo, el empresario le financió a Angélica Rivera una lujosa residencia sin adelanto económico, sin enganches ni contrato. ¿Qué ciudadano tiene tales beneficios?

Para justificar que sí tenía el potencial económico para comprar esa residencia, la primera dama argumentó lo siguiente:

Se me pagó un monto de 88 millones 631 mil pesos más IVA. Para dar por terminado el contrato, me comprometí con la empresa Televisa a no trabajar con otra televisora por un plazo de 5 años. Esto se tomó en cuenta para liquidar el monto del contrato… Así les demuestro que tengo la capacidad económica y recursos propios que me han permitido construir un patrimonio para mí y para mis hijas.

No obstante, de acuerdo con los documentos contenidos en la investigación oficial, Televisa no terminó su relación laboral con Rivera hasta el 27 de junio de 2010. Es decir, un año y siete meses después de que Ingeniería Inmobiliaria del Centro compró el terreno de Sierra Gorda 150.

En el expediente oficial, Televisa informó que hizo cuatro pagos a Rivera por la terminación de su contrato. El primero fue el 15 de junio de 2010, por un monto de 24 millones 141 mil 721 pesos, y el último fue el 8 de octubre de ese mismo año, por 607 mil 757 pesos. La ex actriz de Televisa depositó su primera mensualidad por la residencia de Sierra Gorda 150 en marzo de 2012, por un monto de 246 mil 687 pesos. Es decir, dos años y cuatro meses después de que inició el proceso de construcción de la casa. Durante ese periodo, Ingeniería Inmobiliaria del Centro financió la residencia con sus propios recursos con un interés de nueve por ciento.

El precio de la residencia fue un tema que tampoco se investigó. Grupo Higa y Angélica Rivera aseguraron que la casa blanca se vendió en 54 millones de pesos. Virgilio Andrade y su equipo jamás pusieron ese dato en duda y no intentaron verificarlo. Como ya se ha dicho, para el reportaje, el equipo de periodistas contrató a un valuador profesional que estimó el costo de la casa blanca en 86 millones de pesos, es decir, 32 millones de pesos más que el precio que declararon los implicados en la investigación oficial. No es una diferencia menor.

El caso de Luis Videgaray fue similar al de Peña Nieto. En la investigación de la SFP, no hubo posibilidades de que le encontrara culpable de conflicto de interés. La investigación que condujo Virgilio Andrade partió del supuesto de que el funcionario no tuvo oportunidad de privilegiar a las empresas de Hinojosa Cantú.

De las más de 60 mil fojas del expediente, unas 2 mil 318 corresponden al posible conflicto de interés del secretario de Hacienda. Debe destacarse que en las facturas de pago por la compraventa se ocultaron el número de factura y el precio que pagó, así como el lugar y la fecha de emisión.

Más allá de lo anterior, la investigación de Andrade arrojó un dato que había permanecido oculto hasta ahora: Videgaray pagó a Inmobiliaria H&G, de Grupo Higa, 2 millones 250 mil pesos con tres cuadros que supuestamente le dieron como regalo en un cumpleaños. De las obras de arte fueron censurados su valor comercial, autor y nombre. A partir del documento publicado en internet por la SFP, se sabe sólo que la primera obra fue "elaborada con la técnica 'acrílico sobre papel Arches' y es de estilo 'abstracto geométrico'"; la segunda es un "'óleo y arena sobre madera' de estilo 'abstracto geométrico'", mientras que de la última se suprimieron todos los datos.

A Videgaray le alcanzaron estas pinturas para saldar una parte del pago por la compra de la casa y el restante para cubrir todas las rentas hasta hoy del terreno que usa como jardín.

El expediente de la SFP dice:

Se acreditó que al momento de celebrar el contrato de compraventa transmitió la propiedad de tres obras de arte valuadas en ese tiempo en un monto de 2 millones 452 mil 492 pesos y que le fueron recibidas por el vendedor en un monto de 2 millones 250 mil pesos, menos las retenciones de los impuestos conforme a la ley, por lo que quedó un monto de un millón 800 mil pesos para ser aplicado al contrato de compra—venta y al arrendamiento del lote contiguo.

En cuanto a la tasa de interés, confirmó que la tasa de interés con la que adquirió la casa fue de 5.31 por ciento.

Una cifra menor a la de referencia en el mercado, que entonces pasaba del 10 por ciento.

Ante la SFP, Videgaray dio la misma respuesta que meses antes dio a este equipo de periodistas, en un cuestionario que respondió por escrito: que no es posible comparar una tasa de interés de una entidad financiera con una otorgada por un particular como Higa debido, dijo, a que una entidad financiera carga con gastos que no tiene el particular y, por ello, Grupo Higa estuvo en posibilidades de darle un crédito más barato. No obstante, la tasa de interés que Grupo Higa le dio a Videgaray es de casi la mitad de la que el mismo grupo le ofreció a Angélica Rivera para la casa blanca.

Los funcionarios de la SFP no comenzaron sus interrogatorios hasta junio de 2015 y en todo momento dieron por buenas las versiones tanto del secretario de Hacienda como de Inmobiliaria H&G. En sus conclusiones, la Función Pública estableció que Videgaray nunca estuvo en peligro de ser encontrado culpable, pues sus funciones no le permiten otorgar contratos a particulares.

Para indagar si hubo beneficios en la entrega de contratos a Grupo Higa, la SFP diseñó un cuestionario de cuatro preguntas para descartar que los funcionarios hubieran recibido presiones para beneficiar a las empresas de Juan Armando Hinojosa Cantú:

1. Indique si en el proceso de contratación se adjudicó el contrato en apego a la normativa aplicable.

2. Indique si en el proceso de contratación se le ordenó emitir un fallo en favor de determinada empresa o persona.

3. Indique cuál fue su participación previa en el procedimiento de contratación, durante dicho procedimiento y en la firma del contrato.

4. Indique si tiene alguna relación familiar o de negocios con las empresas que participaron en el proceso de contratación.

Ese cuestionario se repitió 111 veces con pequeñas variaciones entre dependencias, con el mismo número de servidores públicos entrevistados. En todo momento se dieron por ciertas sus versiones y las respuestas sirvieron para establecer que no hubo presiones de ningún funcionario para beneficiar a Grupo Higa. Eso fue todo.

La SFP tocó superficialmente el tema de la licitación del tren de alta velocidad México-Querétaro, que ganó una filial de Grupo Higa, el único consorcio que compitió.

Entre los servidores públicos que interrogó la Función Pública, hubo siete de la Secretaría de Comunicaciones y Transportes relacionados con la fallida licitación. En el expediente del caso, los auditores mencionan que se inspeccionaron sus documentos personales, sus declaraciones patrimoniales y sus relaciones familiares para determinar si hubo algún tipo de relación con la Constructora Teya.

A cada uno de ellos se le hicieron las mismas preguntas. Uno de los personajes de mayor jerarquía que compareció fue

Pablo Suárez Coello, director general de Transporte Ferroviario y Multimodal.

Una de las preguntas más incisivas era la siguiente:

Indique si en el proceso de contratación para el otorgamiento de un contrato mixto de obra pública para la construcción, suministro, puesta en marcha, operación y mantenimiento de una vía, material rodante, equipos y sistemas y demás componentes del tren de alta velocidad México-Querétaro se le ordenó emitir un fallo a favor de determinada empresa o persona.

Todos los entrevistados simplemente respondieron que no y los investigadores no insistieron más. En el expediente tampoco se reflejan las protestas contra la licitación que en su momento ganaron China Railway Construction Corporation, GIA+A, Prodemex y Constructora Teya. Esta última nunca participó en alguna junta de aclaración ni en los recorridos de campo a Querétaro, tampoco envió cuestionamientos a la Secretaría de Comunicaciones y Transportes; su nombre sólo apareció el 15 de octubre de 2014, cuando se abrió el sobre con los competidores finales.

Es significativo, por lo demás, que el secretario de Comunicaciones, Gerardo Ruiz Esparza, jamás fue llamado a comparecer. Además, la SFP no indagó si la abrupta cancelación del tren —que ordenó Peña Nieto el 6 de noviembre de 2014, a pesar de no tener facultades— estuvo vinculada con la publicación del reportaje sobre la casa blanca.

Algunas horas después de que Virgilio Andrade hizo público que el presidente no había incurrido en ningún conflicto de interés en el tema de la casa blanca, Enrique Peña Nieto aprovechó la sesión del Consejo Nacional de Seguridad Pública, en Palacio Nacional, para hablar del caso:

> Estoy consciente y reconozco que estos acontecimientos dieron lugar a interpretaciones que lastimaron e incluso indignaron a muchos mexicanos. A todos ellos, les ofrezco una sincera disculpa…

Para Peña Nieto, el problema estuvo en la *percepción* de la población, no en su conducta. El problema fueron los ciudadanos que osaron imaginar un acto de corrupción al más alto nivel de gobierno. Y nunca, en realidad, ofreció disculpas por haber adquirido la casa blanca ni por haber usado su posición privilegiada como gobernador del Estado de México para que su esposa y su familia obtuvieran un beneficio privado. Sí agradeció, en cambio, a Angélica Rivera por su "entereza y solidaridad" y desde el estrado del Palacio Nacional le envió todo su "amor y solidaridad".

Minutos después, Luis Videgaray se sumó a las disculpas:

> Entiendo que mi actuación en el caso referido, si bien fue apegada a la ley y a la ética, generó una percepción que contribuyó a deteriorar la confianza en las instituciones. Por ello, ofrezco públicamente una disculpa…

Usted disculpe, ciudadano. Eso fue todo. Caso cerrado.

En realidad, los resultados que presentó Virgilio Andrade no sorprendieron a nadie. El 4 de febrero de 2015, apenas un día después de que Peña Nieto lo nombrara al frente de la Función Pública, el secretario concedió una ronda de entrevistas con reporteros de los principales diarios nacionales para abundar en la tarea encomendada por su jefe. En la plática con la reportera del diario *Reforma*, dejó en claro sus limitaciones y, sin decirlo, adelantó lo que ocurriría meses después: sólo iba a investigar a Peña Nieto como funcionario federal, es decir, a partir del 1° de diciembre de 2012, sin importar que el acuerdo para construir la casa blanca se haya gestado cuando su gobierno en el Estado de México mantenía contratos multimillonarios con Grupo Higa.

Aquella mañana pasaron una docena de periodistas por la oficina de Virgilio Andrade, en Insurgentes Sur, y como si fuera un guion aprendido para ejecutar una actuación, a todos les dijo el mismo argumento: el compromiso, la transparencia, el respeto al marco legal, la independencia de la investigación…

Para cada entrevista, Andrade posó para los fotógrafos: con saco o en mangas de camisa, serio o sonriente. Y en cada una de las tomas, justo en el ángulo superior de su hombro derecho, Enrique Peña Nieto sonreía y miraba de frente a la cámara. El hombre que aseguró imparcialidad, tenía colgada la fotografía oficial del presidente justo detrás de su escritorio, como quien cuelga la imagen de un santo para encomendarse a él.

NOTA DE LOS AUTORES

Durante la elaboración de este libro, los periodistas solicitaron las posturas de las personas mencionadas a lo largo de sus páginas, algunas de ellas servidores públicos.

Al vocero de la Presidencia de la República, Eduardo Sanchez, se le pidió una entrevista pero no hubo respuesta. Sin embargo, sí atendió una pregunta respecto al papel que desempeñó Roberto Calleja, director general de Comunicación Social de la Presidencia, en la llamada grabada entre el reportero Rafael Cabrera y el vocero del DIF, Luis Torres Tello. En esa grabación —como se relató— se escucha que a Roberto Calleja le avisaron sobre el reportaje y la intención de entrevistar a Angélica Rivera, antes de que los dueños de Noticias MVS pidieran no difundir la investigación

Aquí reproducimos, textualmente, la respuesta de Eduardo Sánchez sobre ese tema: "Es absolutamente falso. En su oportunidad lo comenté con Carmen. Ella puede referir nuestra conversación". El vocero de la Presidencia aludía a una charla que tuvo con Carmen Aristegui después de que se difundiera la investigación sobre la casa banca, durante la cual se le informó que los reporteros contaban con una grabación y mensajes de texto en donde constaba que Roberto Calleja fue informado del reportaje por medio del vocero del DIF. Su respuesta, en ese entonces, fue la misma en el sentido de rechazar que la Dirección de Comunicación Social de la Presidencia hubiera intervenido, ya fuera por medio de Calleja o de cualquier otra persona.

Por otra parte, también se buscó obtener la postura del empresario Juan Armando Hinojosa Cantú o, en su caso, de algún representante de Grupo Higa. Aunque se hizo la petición vía telefónica y por correo electrónico, nunca se obtuvo una respuesta para realizar la entrevista.

Al titular de la Secretaría de la Función Pública, Virgilio Andrade, quien realizó la investigación sobre la casa de Sierra Gorda 150 —entre otras propiedades— y su relación con el presidente Peña Nieto, también se le pidió una entrevista en dos ocasiones. La primera solicitud se hizo desde mayo de 2015. En un mensaje que Andrade envió a través del director de información de la dependencia, Emilio Estrada Boyso, explicó: "Muchas gracias a ustedes. Leí con atención sus preguntas, las cuales están relacionadas directamente con una investigación en curso y, por lo tanto, en este momento, no puedo ofrecer detalles sobre la misma". Esa respuesta se envió a los periodistas el miércoles 10 de junio de 2015.

Una vez que el resultado de la investigación de la SFP se dio a conocer el viernes 21 de agosto del mismo año, se solicitó una nueva entrevista con Andrade. Bajo su lógica, esta vez no habría impedimento legal para platicar con él sobre el tema del libro. La petición fue enviada vía mail el lunes 24 de agosto y se insistió el lunes 31 del mismo mes a través de una llamada. Nunca hubo respuesta.

Por su parte, Noticias MVS envió dos documentos el 4 de junio de 2015. El primero es una respuesta a la petición de entrevistas solicitadas con Joaquín Vargas, Alejandro Vargas y Felipe Chao, la cual se reproduce a continuación:

En atención a su escrito de fecha 1 de junio, recibido en las oficinas de MVS Radio, el pasado día 3 del presente, le hago saber que la postura de MVS respecto al espléndido reportaje llamado "La casa blanca de Enrique Peña Nieto", ha sido y es pública y se puede resumir en:

El reportaje es un trabajo periodístico impecable y extraordinario, desde cualquier punto de vista, y sin duda, constituye un ejemplo a seguir en lo que se refiere al periodismo de investigación. El vicepresidente de Relaciones Institucionales de MVS, Felipe Chao Ebergenyi, así lo señaló en diversas entrevistas realizadas por distintos medios en el mes de marzo del presente año. Sin embargo, rechazamos categóricamente, lo que usted llama "entretelones" o que haya habido por parte de MVS o sus ejecutivos cualquier intento de censura sobre el reportaje en cuestión. Para tal fin, anexo al presente el comunicado de MVS Radio de fecha 22 de marzo, en el que se fija nuestra postura al respecto.

En apego al equilibro informativo y derecho de réplica, respetuosamente le solicito tenga a bien incorporar de manera íntegra, en el libro que está preparando, el presente escrito, así como el comunicado anexo. Considero que de esta forma, el lector contará con más y mejores elementos.

El documento fue firmado por José Antonio Vega, director de Información de Noticias MVS.

La empresa pidió reproducir un comunicado que publicó el 22 de marzo del mismo año, tras el despido de Carmen Aristegui y su equipo. Por tratarse de un documento que no es nuevo ni fue elaborado expresamente para este libro, aquí se pone a disposición del lector la dirección si desea consultarlo: http://www.noticiasmvs.com/#!/noticias/falso-que-mvs-radio-haya-censurado-el-reportaje-de-la-casa-blanca-966.html

En la petición de entrevista que enviaron los periodistas a la empresa, se especificó que se tocarían los entretelones de la historia sobre cómo se construyó la casa blanca y cómo se desarrolló el reportaje. Como se ve, en su respuesta, MVS calificó a esta investigación como "un trabajo periodístico impecable y extraordinario", y refirió que uno de sus directivos, Felipe Chao, así lo ha dicho en diversas entrevistas. Sin embargo, se trata del mismo personaje que le pidió a Daniel Lizárraga detener el reportaje sin preguntar qué tan sólida era la investigación ni con qué metodología se realizó. Joaquín y Alejandro Vargas nunca se interesaron en conocer siquiera el trabajo a fondo.

Finalmente, no ha de pasarse por alto que el lunes 8 de diciembre de 2014 apareció en *El Universal* una columna de Salvador García Soto que llevaba por título "Casa Blanca, la mano de Ebrard", donde se asegura que el origen de nuestra investigación fue en realidad un expediente que armó un equipo de inteligencia al servicio de Marcelo Ebrard durante su gestión como jefe de gobierno de la ciudad de México.

Según el autor, Ebrard tenía un doble propósito: vengarse del actual jefe de gobierno, Miguel Ángel Mancera, quien se habría prestado para involucrarlo en las irregularidades de la construcción de la línea 12 del Metro, y también para pegarle en la línea de flotación al presidente Peña Nieto.

El columnista no aportó —ni ha aportado— ningún tipo de prueba. Su texto partió de una serie de supuestos y falsos trascendidos carentes de respaldo documental, gráfico u oral, una conducta periodística totalmente antagónica a la naturaleza de esta investigación, en la que se procuró una documentación exhaustiva.

Una de las conjeturas de García Soto era la siguiente: en junio de 2014, Marcelo Ebrard habría buscado a Carmen Aristegui para entregarle el expediente a cambio de un escándalo político y periodístico de talla internacional.

El columnista se equivocó.

El 24 de octubre de 2013, uno de los autores de este libro, Rafael Cabrera, pagó los derechos para hacer una primera búsqueda de la casa de Sierra Gorda número 150 ante el Registro Público de la Propiedad. Es decir, ocho meses antes de la supuesta reunión entre Ebrard y Aristegui. Los autores cuentan con los recibos a nombre de Cabrera: tanto del formato de pago como de la búsqueda de la propiedad.

Por su parte, la delegación Miguel Hidalgo, en la ciudad de México, recibió solicitudes de acceso a la información para buscar documentación oficial y los permisos de construcción de la casa blanca desde noviembre de 2013 y continuaron durante todo el año siguiente. Las solicitudes también se tramitaron a nombre de Rafael Cabrera, y se pueden consultar con los números de folio terminación 222613 y 239913.

El 22 de noviembre de 2013, Cabrera también buscó en el Registro Público de la Propiedad otros bienes a nombre de Ingeniería Inmobiliaria del Centro, la firma de Juan Armando Hinojosa Cantú que construyó la casa de Peña Nieto y su esposa. Los documentos así lo comprueban.

Previamente, los días 11, 12 y 21 de noviembre de ese mismo año, a través del entonces IFE, Rafael Cabrera solicitó a su nombre información al PRI sobre los contratos que ese instituto político había celebrado con las empresas de Juan Armando Hinojosa Cantú durante la campaña presidencial de Peña Nieto. Los números de folio son 02632, 02647 y 02678.

En cualquier caso, lo anterior ocurrió siete meses antes de la imaginaria reunión donde Ebrard le habría entregado el expediente a Aristegui.

El columnista mintió, por error o de forma deliberada. En una parte de su texto dijo lo siguiente: "Comenzó ahí la investigación de Aristegui y su equipo. Vino el ejemplar de la revista ¡*Hola!* y el trabajo periodístico que redondeó e hilvanó la historia que dio origen a uno de los escándalos mediáticos más grandes del México reciente". Nada más falso.

Una sencilla cronología desmonta la idea. Si la fantasiosa reunión fue en junio de 2014 y luego vino la revista ¡*Hola!*, la edición de ésta debió ser posterior, es decir, en el segundo semestre del mismo año 2014. Sin embargo, la entrevista con Angélica Rivera corresponde al ejemplar número 331 de la revista, publicado el 1° de mayo de 2013.

Fuera de eso, como se relata en el segundo capítulo de este libro, el taller de Connectas en la Universidad Iberoamericana, donde Cabrera llevó el proyecto de investigación sobre la casa, se realizó en febrero de 2014. Esto sucedió tres meses antes de que supuestamente Ebrard buscara a Aristegui, y Cabrera, para entonces, ni siquiera formaba parte del equipo de la periodista.

Los documentos referidos en esta nota y otros que formaron parte para construir esta investigación podrán consultarse en la siguiente dirección: casablancadepenanieto. wordpress.com.

La transparencia, creemos, no sólo debe ser exigida por los periodistas sino que también deben ejercerla.

AGRADECIMIENTOS

A Carmen Aristegui, la periodista que creó el ambiente propicio para terminar esta investigación y que buscó la forma de presentarla al público pese a los intentos para frenar su difusión.

Al equipo de la Primera Emisión y Aristegui Noticias, cuyo talento y profesionalismo fueron esenciales en el desarrollo del proyecto.

A Connectas, en especial a su director Carlos Eduardo Huertas, y a Daniel Santoro, por la asesoría durante la primera parte de la investigación. También a Periodistas de a Pie, por su apoyo editorial.

A nuestros familiares, amigos y seres queridos, por apoyarnos incondicionalmente a lo largo del trabajo.

Y a todas las personas que durante la investigación nos ayudaron dando su testimonio o colaborando para que esta historia pudiera ser conocida por la sociedad.

ÍNDICE ONOMÁSTICO

La casa blanca de Peña Nieto de José Daniel Lizárraga Méndez,
Rafael Cabrera, Irving Huerta y Sebastián Barragán
se terminó de imprimir en octubre de 2016
en los talleres de
Litográfica Ingramex, S.A. de C.V.
Centeno 162-1, Col. Granjas Esmeralda, C.P. 09810
Ciudad de México.